Gegeven aan

____

door

____

op

____

De Bijbel
het Boek

van Jezus

Elk verhaal fluistert zijn naam

love

Sally Lloyd-Jones

Opdracht

Dit boek draag ik op aan Harry, Emily, Eleanor en Jonathan. Omdat het sprookje werkelijkheid is geworden!
SLJ

Dit boek draag ik op aan Alex, mijn lieve vrouw, zonder wier hulp ik nooit zo'n dik boek had kunnen voltooien.
Jago

Buijten & Schipperheijn *Motief* – Amsterdam

Published in the USA by Zonderkidz
Zonderkidz is a trademark of Zondervan.
Worldwide co-edition produced by Lion Hudson plc,
Wilkinson House, Jordan Hill Road, Oxford, OX2 8DR, England
Tel: +44 (0) 1865 302750 Fax: +44 (0) 1865 302757
Email: coed@lionhudson.com
Printed in Singapore

Vertaling: Machteld Siegmann-Boers
Vormgeving: Julie Chen
ISBN: 978-90-5881-372-5

Dankwoord

'*t Is niet dat ik U koos;*
hoe zou dat kunnen?
Mijn hart zou U nu nog afwijzen
als U mij niet gekozen had...

Mijn hart kan U niets bieden,
Daarom dorst ik naar uw genade;
Ik weet: voor ik van U ging houden,
Hield U van mij.

Josiah Conder, 1836

Veel dank ben ik verschuldigd aan mensen zonder wie ik dit boek niet had kunnen schrijven. Aan dr. Timothy Keller, wiens onderwijs doorwerkt in elk verhaal en uit wiens lessen ik vrijelijk heb geput. Ik dank hem voor zijn wijsheid; hij gaf mijn geloof een stem en opende mijn ogen voor het wonder van genade.

Aan mijn ouders die mij als vierjarige, als eersten Het Verhaal vertelden en aan Hanmer die het belichaamde. Aan al mijn vrienden van Zondervan Publishers: de verbazingwekkende Kris en vooral aan mijn redacteur, Catherine, die mijn visie bestendigde en voedde.

Aan ons toegewijde outside team: Julia en Linda. Aan de uitzonderlijk begaafde Jago – wat een voorrecht om met jou te werken (ik ben je grootste fan). Aan de familie Keith, de Brownes; Paul, die me een behaaglijke werkplek bood om te kunnen schrijven. Aan Todd en Laura en mijn eindeloos geduldige familie en vrienden – jullie weten wie ik bedoel! – die mij over schrijfdrempels heenloodsten en voor mij baden. En, natuurlijk alle dank aan die Ene die mijn Leven is – alle lof gaat naar hem. SJL

Inhoud

Uit het Oude Testament

Uit het Nieuwe Testament

Citaten

'Jezus zei: 'Ik ben het Begin en het Einde.'

(Naar Openbaring 22:13)

'Daarna verklaarde hij hun wat er in al de Schriften over hem geschreven stond, en hij begon bij Mozes en de profeten.'

(Lucas 24:27)

Jezus zegt: 'Want God had de wereld zo lief dat hij zijn enige Zoon heeft gegeven, opdat iedereen die in hem gelooft niet verloren gaat, maar eeuwig leven heeft. God heeft zijn zoon niet naar de wereld gestuurd om een oordeel over haar te vellen, maar om de wereld door hem te redden.'

(Johannes 3:16-17)

'Jezus zei: Ik ben het licht dat naar de wereld gekomen is. Niemand die in mij gelooft zal zich in het donker blijven verstoppen.'

(Naar Johannes 12:46)

'God, de Heer, wist de tranen van elk gezicht.'

(Jesaja 25:8)

'Ik heb het leven altijd in eerste plaats beschouwd als een verhaal, en als er een verhaal is, dan is er ook een verteller.'

G.K. Chesterton

Het Verhaal en het Lied

Inleiding vanuit Psalm 19 en Hebreeën 1

De hemelen zingen
over de grootheid van God;
en het uitspansel juicht:
'Kijk wat God heeft gemaakt!'
Dag na dag... nacht na nacht...
spreken zij tot ons.

Naar Psalm 19: 1-2

God schreef: 'Ik houd van jou' – hij schreef het in de lucht, op de aarde, en onder de zee. Overal schreef hij zijn boodschap! Want God heeft alles in deze wereld zo gemaakt dat het hem weerkaatst, als een spiegel. Zodat we zien hoe hij is; zodat we hem leren kennen; zodat onze harten gaan zingen.

Je ziet het in hoe een jong poesje zijn staart achternazit. In de wijze waarop rode klaprozen zich openvouwen. In hoe een dolfijn zwemt.

God zette dit om in woorden en schreef die in een boek: 'de Bijbel'.

Weet je, sommige mensen denken dat de Bijbel een boek is vol regels; een boek dat je zegt wat je wel en niet mag doen. En inderdaad, de Bijbel bevat een aantal regels. Deze laten zien hoe je het beste kunt leven. Maar deze regels zijn niet het allerbelangrijkste. Het gaat in de Bijbel vooral over God en wat hij heeft gedaan.

Andere mensen denken dat de Bijbel een boek is over helden; het gaat over mensen die je als voorbeeld moet nemen. Maar hoewel er inderdaad wat helden in voorkomen, zijn de meeste mensen in de Bijbel helemaal niet dapper (daar zul je al snel achterkomen). Ze maken af en toe grote fouten (soms expres). Ze worden bang en slaan op de vlucht. Soms zijn ze zelfs hartstikke slecht.

Het
Verhaal

Nee, de Bijbel is geen boek over regels, of een heldenboek. De Bijbel is vooral een Verhaal. Een avontuurlijk verhaal over een jonge Held die vanuit een ver land komt om zijn verloren schat terug te winnen. Het is een liefdesgeschiedenis over een dappere Prins die zijn paleis achterlaat, zijn troon – alles om degene te redden van wie hij houdt. Het lijkt op het allermooiste sprookje dat werkelijkheid wordt!

Weet je, het beste aan dit Verhaal is: het is waar.

Er zijn een heleboel verhalen in de Bijbel, maar al deze verhalen vertellen samen één Groot Verhaal. Het Verhaal over God die van zijn kinderen houdt en komt om hen te redden.

Je hebt de hele Bijbel nodig om dit Verhaal te vertellen. En middenin dit Verhaal ligt een baby. Elk verhaal in de Bijbel fluistert zijn naam. Hij is als het verloren stukje van een puzzel – het stukje dat alle andere stukjes aan elkaar vastmaakt, en opeens zie je een prachtig schilderij.

En dit is geen gewone baby. Dit is het Kind dat op een dag… Wacht even. Ons verhaal begint zoals alle goede verhalen. Helemaal aan het begin…

Het begin: een perfect huis

Het lied van de schepping, uit Genesis 1-2

IN HET BEGIN was er niets.

Niets te horen. Niets te voelen. Niets te zien.

Alleen leegheid. En duisternis. En… minder dan niets.

Maar God was er. En God had een wonderlijk Plan.

'Ik neem deze leegte,' zei God, 'en ik ga die opvullen. Middenin de duisternis, ga ik licht maken! En vanuit het niets, ga ik... ALLES maken!'

Zoals een moedervogel haar vleugels uitvouwt over haar eieren om ze warm te houden, zo spreidde God zich uit over de diepe, stille duisternis. Hij maakte leven.

God sprak. Dat was alles. En wat hij zei, gebeurde.

God zei: 'Hallo licht!' en het licht scheen in de duisternis. God noemde het licht 'dag' en de duisternis 'nacht'. 'Jullie zijn goed', zei God. En dat waren ze.

Toen zei God: 'Hallo zee! Hallo lucht!' en een grote ruimte opende zich, wijd en diep en hoog. 'Jullie zijn goed,' zei God. En dat waren ze.

Toen zei God: 'Hallo land,' en uit de oceanen rezen kliffen op, bergen, zandstranden. 'Jullie zijn goed,' zei God. En dat waren ze.

'Hallo bomen', zei God. 'Hallo gras en bloemen.' En alles overal barstte open, vol van leven. Hij liet bijen zoemen, vogels fluiten, bloemen bloeien. 'Jullie zijn goed', zei God. En dat waren ze.

‘Hallo sterren,’ zei God. ‘Hallo zon! Hallo maan!’ En in de duisternis kwamen vurige bollen aansuizen, wentelend en draaiend – een mix van oranje, paarse en gouden planeten. ‘Jullie zijn goed,’ zei God. En dat waren ze.

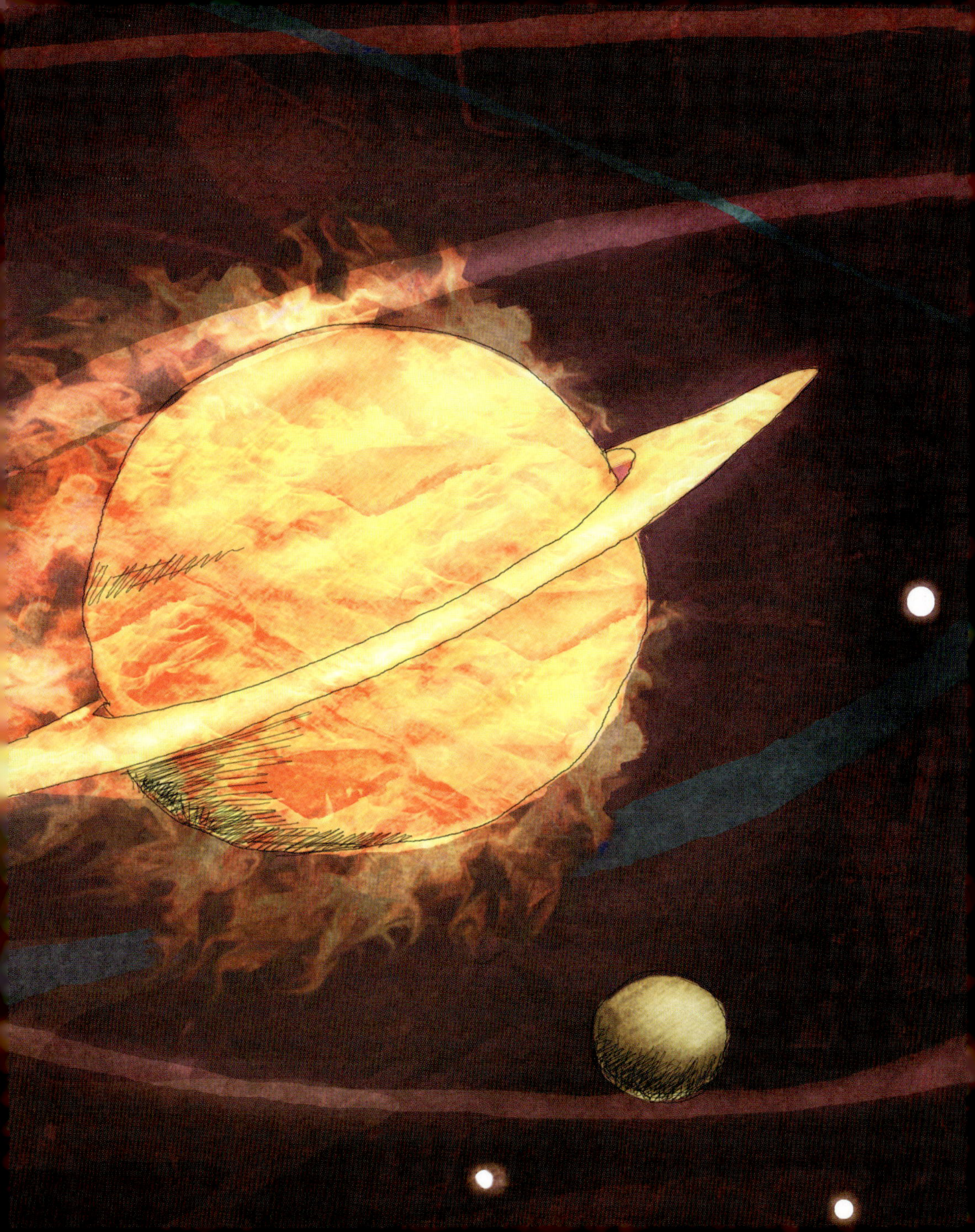

'Hallo vogels,' zei God. En met hevig gefladder en geklapwiek, getsjilp en gezang, bevolkten de vogels de hemel. 'Hallo vissen!' zei God. En duikend en spuitend, spetterend en glinsterend waren daar de vissen in de zee! 'Jullie zijn goed,' zei God. En dat waren ze.

Toen zei God: 'Hallo dieren!' En alles kroop naar buiten om te spelen. De aarde was vol met geluiden – gesnuf, gekraai, geloei, gegrom en tevreden gebrom. 'Jullie zijn goed,' zei God. En dat waren ze.

God zag alles wat hij gemaakt had en hij hield ervan. En alles was liefelijk omdat hij van alles hield.

Maar God bewaarde het beste voor het laatst. Hij wilde mensen maken om zijn Eeuwige Geluk mee te delen. Zij zouden zijn kinderen zijn, en de wereld hun perfecte huis.

En dus ademde God leven in Adam en Eva. Toen ze hun ogen openden, was het eerste wat ze zagen Gods gezicht.

Toen God hen zag, voelde hij zich alsof hij voor het eerst vader geworden was. 'Jullie lijken op mij,' zei hij. 'Jullie zijn het allermooiste wat ik ooit gemaakt heb.'

God hield van hen met heel zijn hart. En zij waren kostbaar omdat hij van hen hield.

En Adam en Eva begonnen mee te zingen met het lied van de sterren en de zeeën en de wind in de bomen; het wonderlijke liefdeslied voor die ene die hen maakte. Hun harten liepen over van geluk. En er was niets dat hen verdrietig maakte, of eenzaam, of ziek, of bang.

God keek naar alles wat hij gemaakt had. 'Perfect,' zei hij. En dat was het.

Maar al de sterren en de bergen en de zeeën en de sterrenstelsels waren niets vergeleken bij hoeveel God van zijn mensen hield. Hij zou hemel en aarde bewegen om dichtbij hen te kunnen zijn. Altijd. Wat er ook gebeurde, hoeveel het hem ook zou kosten; Hij zou altijd van hen houden.

En zo begon het wonderlijke liefdesverhaal...

De verschrikkelijke leugen

Adam en Eva verliezen alles, uit Genesis 3

ADAM EN EVA leefden gelukkig samen in hun mooie nieuwe huis. En alles was perfect – voor een tijdje.

Tot de dag aanbrak waarop alles misging.

God had een verschrikkelijke vijand. Zijn naam was Satan. Satan was eens de allermooiste engel, maar hij wilde meer zijn dan alleen een engel – hij wilde God zijn. Hij werd trots en slecht en raakte vol met haat, en God moest hem uit de hemel wegsturen. Satan was woedend en zocht een manier om God pijn te doen. Hij wilde Gods plan laten mislukken, aan zijn liefdesverhaal een eind maken, zo snel mogelijk. Daarom vermomde hij zichzelf als slang en wachtte in de tuin.

Nu had God Adam en Eva één regel gegeven. 'Eet niet van het fruit van die boom,' had God hun gezegd. 'Als je dat doet, zul je gaan denken dat je alles al weet. Je zult stoppen met op mij te vertrouwen. En dan zal de dood komen en het verdriet en de tranen.'

(Weet je, God wist dat wanneer ze van het fruit aten, ze zouden gaan denken zonder hem te kunnen. Ze zouden gaan proberen gelukkig te zijn zonder hem. Maar God wist dat er niet zoiets bestond als geluk zonder hem, en leven zonder hem zou in het geheel geen leven zijn.)

Zodra de slang zijn kans rook, schoof hij zachtjes naar Eva toe. 'Houdt God echt van jou?' fluisterde de slang. 'Zo ja, waarom laat hij je dan niet van dat lekkere, sappige, heerlijke fruit eten? Arme jij, misschien wil God niet dat je gelukkig bent?'

De woorden van de slang sisten in haar oren en daalden diep in haar hart, als gif. Houdt God van mij?, vroeg Eva zich af. Opeens wist ze het niet meer zo zeker.

'Vertrouw mij nou maar,' fluisterde de slang. 'Je hebt God niet nodig. Een klein proefje, dat is alles, en je zult gelukkiger zijn dan je ooit had kunnen dromen...'

Eva plukte het fruit en at er wat van. En Adam nam ook wat.

Toen kwam een verschrikkelijke leugen in de wereld. Deze zou nooit meer weggaan. Ze zou blijven doorleven in ieder menselijk hart, en al Gods kinderen influisteren: 'God houdt niet van je.'

Het was geen droom. Het was een nachtmerrie.

Een duif vloog weg uit Adams hand. Een hert vluchtte in het struikgewas. Het was alsof ze ergens van geschrokken waren. Er zat kou in de lucht. Er gebeurde iets vreemds. Ze waren altijd naakt geweest – maar nu voelden zij zich bloot en slecht, en ze wilden door niemand gezien worden. Dus verstopten zij zich.

Later die avond, toen God zijn wandeling maakte, riep hij hen: 'Kinderen?'

Adam en Eva vonden het altijd heerlijk om Gods stem te horen, ze renden dan naar hem toe.

Maar nu holden zij van hem weg en verstopten zich in de schaduw.

'Waar zijn jullie?' riep God.

'Verstopt,' zei Adam. 'We zijn bang voor u.'

'Hebben jullie het fruit gegeten waarvoor ik jullie waarschuwde?' vroeg God.

Adam zei: 'Het kwam door Eva.'

'Wat heb je gedaan?' vroeg God.

Eva zei: 'Het kwam door de slang!'

Een verschrikkelijke pijn schoot door Gods hart. Zijn kinderen hadden niet alleen hun belofte verbroken; ze hadden zijn hart gebroken. Ze hadden hun wonderlijke relatie met hem stukgemaakt. En hij wist dat nu al het andere kapot zou gaan. Gods schepping zou een rommeltje worden, in stukken uit elkaar vallen, slecht worden. Vanaf nu zou iedereen sterven – terwijl het de bedoeling was dat alles altijd goed zou blijven.

Weet je, de zonde was gekomen in Gods volmaakte wereld. En die zou nooit meer weggaan. Gods kinderen zouden altijd van hem wegrennen en zich in het donker verstoppen. Hun hart zou breken en het nooit meer goed doen.

God kon zijn kinderen niet meer eeuwig laten leven, niet met zo veel pijn en zo zonder hem. Er was maar één manier om hen te beschermen.

'Jullie moeten nu de tuin uit,' vertelde God zijn kinderen, terwijl zijn ogen zich vulden met tranen. 'Dit is niet meer jullie thuis, het is jullie plekje niet meer.'

Maar voordat zij de tuin uitgingen, maakte God kleren voor zijn kinderen, om zich te bedekken. Voorzichtig kleedde hij hen aan. Toen stuurde hij hen weg voor een lange, lange reis – uit de tuin, weg van huis.

Nou, in een ander verhaal zou het hiermee afgelopen zijn. Dan zou hier komen te staan:

Het Einde.

Maar niet in dit Verhaal.

God hield teveel van zijn kinderen om het verhaal hier te laten stoppen. God had een plan, een prachtig visioen - hoewel hij wist dat het hemzelf veel pijn zou doen. Op een dag zou hij zijn kinderen terughalen. Op een dag zou hij van de wereld weer hun perfecte huis maken. Op een dag zou hij alle tranen van hun ogen afwissen.

Zie je het? Hoe dan ook en ondanks alles zou God blijven houden van zijn kinderen – met een Niet te Stoppen, Niet te Stuiten, Niet Stuk te Krijgen, Eeuwigdurende Liefde.

En hoewel zij hem zouden vergeten, en van hem wegrennen - diep in hun hart zouden Gods kinderen hem altijd missen en naar hem verlangen. Als verdwaalde kinderen die smachten naar huis.

Voordat zij de tuin verlieten, fluisterde God tegen Adam en Eva: 'Het zal niet altijd zo blijven! Ik kom jullie redden! En als ik dat doe dan ga ik vechten met de slang. Ik zal de zonde en de duisternis en het verdriet dat jullie binnenlieten wegdoen. Ik kom terug voor jullie!'

En dat zou hij doen. Op een dag zou God zelf komen.

Een nieuw begin

De ark van Noach, uit Genesis 6-9

DE TIJD GING VOORBIJ en er kwamen steeds meer mensen op aarde. Iedereen was God vergeten en men deed alleen maar slechte dingen.

Gods hart deed pijn toen hij zag wat er gebeurd was met de wereld waar hij van hield. Overal was ziekte en dood en narigheid – al die dingen die God zo haat.

Maar Noach was Gods vriend (iets raars in die tijd, hij was dan ook de enige). Noach luisterde naar God. Hij sprak met God. Hij hield ervan om met God te zijn, zoals jij graag bij je beste vriend bent.

'Noach,' zei God, 'het is fout gegaan. De mensen hebben haat in mijn wereld gebracht in plaats van liefde. Ze maken zichzelf kapot... en elkaar… en mijn wereld. Ik moet ze stoppen. Eerst bouwen we een ark.' (Weet jij hoe je een ark moet bouwen? Noach ook niet. Maar gelukkig wist God het wel. Hij zou hem helpen.)

2x
VOEDSEL?
SLAAPPLAATSEN?

'Er komt een storm,' vertelde God Noach. 'Maar ik zal jou redden. Dat beloof ik. Ik zal de dieren naar je toe sturen – zij die kruipen en klimmen en zweven en zwemmen en springen en zingen. Vergeet niet voor elk voedsel in te slaan.'

De storm zou alle haat en verdriet en het verkeerde wegwassen, en de wereld weer schoonmaken. God wees Noach een veilige vluchtweg, maar dan moest Noach God vertrouwen en precies doen wat God zei.

Dus bouwde Noach een ark (een klein woord voor een heel grote boot).

Noachs buren kwamen naar buiten om te kijken... en te wijzen... en te lachen. Ze geloofden hem niet, dat van de boot... en de storm... en dat ze gered moesten worden. Noach zal er wel dom uit hebben gezien. Zijn boot stond in de woestijn, ver weg van de zee, en er was geen wolkje aan de lucht. Een paraplu hadden ze hier niet nodig, laat staan een boot!

Maar het kon Noach weinig schelen wat de anderen van hem dachten; hij vond het belangrijker wat God vond. Dus deed hij precies wat God hem vroeg.

Toen de ark klaar was, zei God: 'Kom aan boord!' Noachs familie en alle dieren klommen naar binnen.

En God sloot de deur.

Toen begon het te regenen. Minuten werden uren, uren werden dagen, dagen werden weken en weken. En de regendruppels werden plasjes, en de plasjes werden rivieren, en de rivieren werden meren; meren die samensmolten tot een vloed die de hele wereld bedekte.

Hun boot, die eerst zo groot leek, voelde opeens erg klein. Maar in deze enorme storm, temidden van de torenhoge golven en het gedonder en geflits, was God bij hen. En God beschermde hen, 40 lange dagen en 40 lange nachten.

Eindelijk stopte het met regenen. De zon brak door en Noach gooide alle ramen open. 'Hoera!' juichte iedereen.

Noach stuurde zijn duif eropuit, en het duurde niet lang of ze kwam terug met een vers olijventakje. Iedereen wist meteen wat dat betekende: ze had een boom gevonden – en land! Het water was aan het zakken.

Ten slotte strandde de boot vrij plotseling op de top van een grote berg. Zodra de kust veilig was, zei God: ‘Kom eruit!’ En dat deden ze – ze buitelden en dansten naar buiten, op het droge land.

Het eerste wat Noach deed, was God danken voor hun redding. Dat had hij beloofd.

En het eerste wat God gaf, was een nieuwe belofte: ‘Ik zal nooit meer de wereld vernietigen.’

En als een strijder die zijn pijl en boog weglegt aan het einde van een grote veldslag, zei God: ‘Kijk eens, ik heb mijn boog in de wolken gehangen.’

En daar, in de wolken, daar waar een donderbui de zon ontmoet – stond een prachtige boog, gemaakt van licht.

Dit was een nieuw begin in Gods wereld.

Het duurde niet lang of alles ging weer mis, maar dit verbaasde God niet; hij wist dat dit zou gebeuren. Hierom had hij al voor het begin van de wereld een ander plan had gemaakt – een beter plan. Geen plan om de aarde kapot te maken, maar om haar te redden. Voor dat plan zou hij op een dag zijn Zoon sturen, de Redder.

God zou nog één keer zijn grote woede over haat en verdriet en dood laten neerkomen – maar niet op zijn mensen, of op zijn wereld. Nee, Gods strijdboog was niet gericht op zijn mensen.

Hij wees naar boven, recht in het hart van de Hemel.

Een enorme trap naar de hemel

De toren van Babel, uit Genesis 11

NOACH EN ZIJN FAMILIE woonden op de aarde en zijn kinderen kregen kinderen, en hun kinderen kregen ook kinderen, en toen kregen hun kinderen ook weer kinderen… Nou je begrijpt het wel; al snel was de aarde weer vol met mensen.

Nu sprak in die tijd iedereen nog precies dezelfde taal. Je hoefde dus geen Swahili of Japans of zo te leren. Je zei tegen iedereen 'hallo' en ze begrepen wat je bedoelde.

Op een dag zaten ze te praten en kwamen op een idee. 'Zullen we voor ons allemaal een prachtige stad maken om in te wonen? Het zou ons thuis kunnen worden. We zullen dan voor altijd en eeuwig veilig zijn.' Toen kregen ze nog een idee: 'En laten we een hele hoge toren bouwen om in de hemel te klimmen!'

‘Ja,’ zeiden ze, ‘dan zeggen we: ‘Kijk eens naar ons, hierboven!’ Iedereen zal tegen ons opkijken en wij zullen op iedereen neerkijken. We zullen merken dat we iets betekenen. We zullen zoals God zijn. We zullen beroemd en veilig en gelukkig zijn en alles zal in orde komen.’

En dus gingen ze aan het werk. Steen voor steen groeide de toren, hoger en hoger, totdat hij uitstak boven de stad en de hemel raakte. Ze bouwden ladders in de toren om hem te beklimmen. De toren werd een enorme hemeltrap.

‘Kijk,’ juichten ze, ‘wie is als wij? Kijk eens wat we met onze eigen handen hebben gemaakt!’ Ze waren behoorlijk trots op zichzelf.

Maar God was niet blij met hen. God zag waar ze mee bezig waren.

Ze probeerden zonder hem te leven, maar God wist dat ze hierdoor niet gelukkiger werden of zich veiliger zouden gaan voelen. Als ze zo zouden doorgaan, zouden ze zichzelf alleen maar kapotmaken. Hij hield teveel van hen om dat te laten gebeuren. Dus gooide hij hun plannen in de war.

Het was een gewone ochtend, iedereen ging aan het werk, maar... alles was anders. Hun woorden waren allemaal nieuw en grappig.

Want weet je, God had iedere persoon een compleet andere taal gegeven! Plotseling snapte niemand meer wat de ander zei. Iemand zei bijvoorbeeld: 'Alles goed met je?' en de ander dacht dat hij zei: 'Stomme hoed heb je!' Het was niet leuk. Je zei iets aardigs als: 'Wat een heerlijk weer!' en kon een blauw oog verwachten omdat ze dachten dat je zei: 'Wat ben jij toch een zeur!' (Je kon zelfs niet zeggen: 'sorry?' om te controleren of je het begrepen had, want dat woord kende ook niemand.)

Het was niet makkelijk om zo met elkaar te werken, dat kun je je voorstellen. De mensen waren alleen nog maar aan het ruziën en vechten. Het was een puinhoop, de sfeer werd grimmiger en grimmiger, tot ze allemaal zo sacherijnig waren dat ze wel móésten stoppen met bouwen.

Hierna verspreidden de mensen zich over de hele wereld (en daarom zitten we nu met zo veel verschillende talen).

Weet je, God wist dat de mensen nooit zelf terug konden keren naar de hemel, hoe hoog ze ook zouden klimmen en hoe vaak ze het ook zouden proberen. De mensen hadden geen ladder nodig; ze hadden een Redder nodig. De weg terug naar de hemel gaat niet over een ladder, maar via een Persoon.

De mensen konden nooit de hemel bereiken, dus zou de hemel naar beneden moeten komen, naar hen toe.

En op een dag zou dat gebeuren.

Zoon van de lach

Gods bijzondere belofte aan Abraham, uit Genesis 12-21

JAREN GINGEN voorbij en het werd er niet beter op.

De mensen waren nog steeds wreed en gemeen tegen elkaar. Ze werden nog steeds ziek en stierven. Gods wereld was nog steeds gevuld met tranen. Zo had het niet moeten zijn.

Maar God ging hier iets aan doen. Hij wilde het slechte omzetten in iets goeds, en hij wilde dit doen door middel van… een familie.

'Abraham,' zei God, 'hoeveel sterren staan daar?' (God ging zijn vriend een wonderlijk geheim vertellen.)

'Eens even kijken,' zei Abraham, terwijl hij zijn mouwen opstroopte. (Maar heb jij weleens geprobeerd de sterren te tellen? Dan weet je hoe lastig dat is.) '993, 994, 997. Ehm - Oh. Nee. Wacht. 1, 2,…' Natuurlijk raakte hij de tel kwijt. 'Teveel!' zei hij.

'Weet je,' lachte God, 'ik zal jou zo veel kinderen en kleinkinderen geven dat je ze niet zal kunnen tellen!'

Abraham kon het niet helpen; hij grinnikte om dit wonderlijke idee. Maar opeens stopte hij. Hij, een gezin? Wat was hij toch een dommerd. Hij had helemaal geen kinderen, laat staan kleinkinderen.

Hij veegde een traan weg. Het was echt te laat voor hem om nog baby's te krijgen, hij was 99 jaar oud! Wat bedoelde God?

'Abraham,' zei God, 'geloof me.'

En toen vertelde God Abraham van zijn Geheime Reddingsplan. 'Abraham, ik zal jouw familie heel groot maken,' beloofde God. 'Op een dag zal je familie zelfs met meer zijn dan de sterren in de lucht.'

Abraham keek omhoog naar de donkere avondlucht, waarin het wemelde van de sterren.

'Jullie zullen mijn bijzondere familie worden, mijn volk, en door jullie zal iedereen op aarde gezegend worden!'

Het was een ongelooflijke belofte – God zou de aarde gaan redden door Abrahams familie! Een van zijn achter-achter-achter-kleinkinderen zou het Kind zijn, de Beloofde, de Redder.

'Maar het is zo wonderlijk!' zei Abraham. 'Hoe kan dat waar zijn?'

'Is er iets te goed om waar te zijn?' vroeg God. 'Is er iets dat voor mij te wonderlijk is?'

Dus had Abraham had meer vertrouwen in wat God zei, dan wat zijn ogen hem vertelden. Hij geloofde.

Toen Sara hoorde van Gods belofte, lachte ze bij zichzelf. Maar het was geen gelukkige lach, er waren tranen bij. Ze had altijd een baby gewild – zou die droom uitkomen? Kon zij echt een baby krijgen op haar negentigste? Nee natuurlijk niet, doe niet zo gek, daar was het nu veel te laat voor.

Sara geloofde niet dat God kon wat hij beloofde. Ze was vergeten dat wanneer God iets zegt, het eigenlijk al gebeurd is. (Natuurlijk kon God haar een jongensbaby geven; dit was voor hem heus niet moeilijker dan het maken van de sterren in de hemel.)

En inderdaad, negen maanden later beviel Sara van een zoontje, precies zoals God had beloofd. Ze noemden hem Isaak, wat 'zoon van de lach' betekent. Sara lachte. Maar nu was het een stralende, gelukkige lach. Haar droom was uitgekomen.

God deed wat Hij beloofde. Hij zou altijd zorgen voor Abrahams familie, zijn bijzondere volk.

En op een dag zou God een andere baby sturen, een baby die beloofd werd aan een meisje dat niet eens getrouwd was. Deze baby zou vreugde brengen aan de gehele wereld. Met dit kindje zou ieders wens in vervulling gaan.

Het geschenk

Het verhaal van Abraham en Isaak, uit Genesis 22

GOD WIST dat zijn Geheime Reddingsplan alleen zou werken als Abraham hem helemaal vertrouwde. God wilde zeker weten dat Abraham hem altijd zou gehoorzamen. Een paar jaar later vroeg God daarom aan Abraham of hij hem een geschenk wilde geven.

Abraham gaf graag geschenken aan God. Hij gaf God zijn dieren. Ze werden 'offers' genoemd. Daarmee zei hij: 'God, ik houd van u.'

Maar dit keer wilde God geen lam of een geit. God wilde dat Abraham iets meer gaf – veel meer. Hij wilde dat Abraham hem zijn zoon gaf, zijn enige zoon, de zoon waar hij zo van hield – Isaak.

Zijn zoon leggen op het altaar en hem doden als een offer? Hoe kon God zoiets verschrikkelijks van hem vragen? Abraham begreep het niet. Maar hij wist wel dat God zijn Vader was, die van hem hield. En dus vertrouwde hij hem.

De volgende ochtend gingen Abraham en Isaak vroeg op pad. Ze beklommen het steile rotspad richting de top. Isaak droeg het hout op zijn rug. Zijn vader droeg het mes en de kooltjes.

‘Papa,’ zei Isaak, ‘we zijn het offerlam vergeten.’

‘God zal ons het lam geven, zoon,’ zei Abraham.

Ze bouwden een altaar en legden het hout erop. Abraham vroeg zijn zoon om op het hout te klimmen. Isaak begreep het niet maar hij wist dat zijn vader van hem hield. Hij vertrouwde hem. Hij klom op het altaar en Abraham bond de jongen op het hout. Isaak stribbelde niet tegen en probeerde niet te vluchten. Hij lag daar maar, stil, zonder een geluid te maken.

Alles was klaar. Abraham pakte het mes. Tranen welden op in zijn ogen. Pijn vulde zijn hart. Zijn hand beefde. Hij hief het mes hoog op in de lucht –

‘STOP,’ zei God. ‘Doe de jongen geen pijn. Ik wil dat hij leeft en niet sterft. Ik weet nu dat je van mij houdt; je zou mij je enige zoon gegeven hebben.’

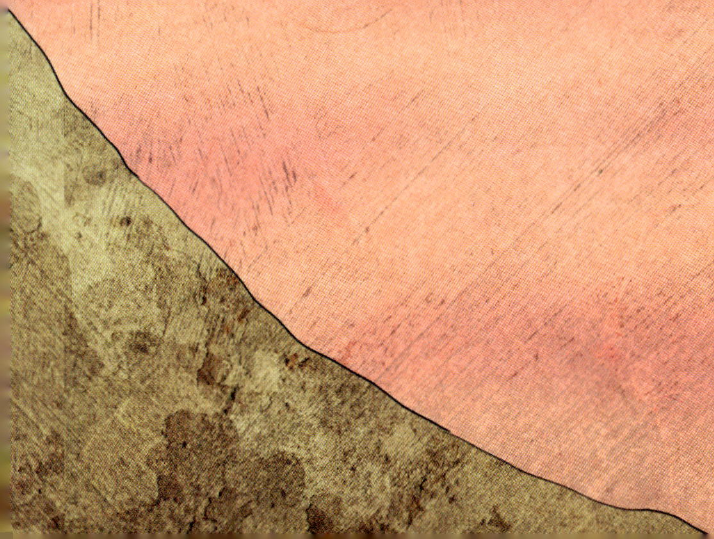

Abrahams hart stroomde over van vreugde. Hij maakte Isaak los en sloot hem in zijn armen. Zijn oude lichaam schokte van het snikken. Hete tranen stroomden over zijn gezicht. En heel lang stonden ze daar zo, in elkaars armen, de jongen en zijn vader.

Plotseling zag Abraham een ram staan, die vastzat in een doornstruik – het offer. God gaf hun op het juiste moment wat zij nodig hadden. De ram zou sterven zodat Isaak kon leven. Abraham offerde de ram, in plaats van zijn zoon.

En toen zij daar zaten, op de top van de berg, kijkend naar de gloeiende kooltjes die doofden in de koude avondlucht, terwijl de sterren pinkelden in de diepzwarte hemel, maakte God Abraham en Isaak iets duidelijk. God wilde zijn mensen het leven geven, geen straf. Maar zij moesten hem wel vertrouwen.

'In jullie familie zal ooit Iemand geboren worden die de gehele wereld gelukkig zal maken,' beloofde God hun.

God werkte aan een wonderlijk geschenk voor heel de wereld. Hiermee zou hij zijn mensen zeggen: 'Ik houd van jullie.'

Vele jaren later zou een andere Zoon op een andere heuvel klimmen, met hout op zijn rug. Net als Isaak zou hij zijn Vader vertrouwen en doen wat hij vroeg. Hij zou niet tegenspartelen of wegrennen.

Wie was hij? Gods Zoon, zijn enige Zoon – de Zoon van wie hij hield.

Het Lam van God.

Het meisje dat niemand wilde

Het verhaal van Jacob, Rachel en Lea, uit Genesis 29-30

ER WAREN EENS twee zussen. De jongste zus was heel mooi en heette Rachel. Maar de oudste was helemaal niet mooi (sommigen vonden haar zelfs erg lelijk). Zij heette Lea.

Rachel was het soort meisje dat altijd werd uitgekozen voor feestjes en bij het samenstellen van teams. Iedereen mocht haar. En de arme Lea? Bijna niemand zag haar staan.

Op een dag kwam neef Jacob op bezoek, een van Isaaks zonen. Hij was op de vlucht. (Jacob had gestolen en anderen bedrogen en er waren een paar mensen – waaronder zijn broer – voor wie hij zich moest verstoppen.)

Het gekke is dat – van alle mensen – het deze Jacob was aan wie God een bijzondere belofte had gegeven: 'Ik zal de wereld redden door jouw familie.' (God kiest mensen van wie we het minste verwachten, zoals we zullen zien.)

Jacob bleef een lange tijd werken voor oom Laban.

Op een dag zei Laban: 'Jacob, ik heb besloten je te belonen voor je werk. Wat wil je?' Er schoot hem iets te binnen. 'Wat dacht je van een van mijn dochters?'

Jacob keek naar Rachel en hij keek naar Lea. Wie zou hij kiezen? Natuurlijk koos hij Rachel.

'Die zeven jaar krijg je cadeau,' zei Jacob, 'als ik met Rachel mag trouwen!'

Dus werkte Jacob zeven jaar, tot de dag van zijn huwelijk aanbrak.

Maar in die nacht leverde Laban Jacob een gemene streek. In plaats van Rachel als bruid aan hem te geven, gaf hij Lea. (Ze hadden toen geen stroom, dus het was donker in de tent. Daar komt nog bij dat vrouwen gesluierd waren zodat je hun gezicht niet goed kon zien. Jacob had dus niets in de gaten.)

De volgende ochtend werd Jacob wakker – en begon te schreeuwen. Zijn kersverse vrouw naast hem was niet Rachel – maar Lea. Jacob sprong het bed uit. 'Laban!' riep hij. 'Jij schurk!'

Maar Laban zei: 'Werk nog zeven jaar bij mij en je mag met Rachel trouwen.'

Dus werkte Jacob nog eens zeven jaar, en toen werd Rachel eindelijk zijn vrouw. Nu had Jacob twee vrouwen, en van Rachel hield hij het meest.

‘Niemand houdt van me,’ zei Lea, ‘ik ben te lelijk.’

Maar God vond haar niet lelijk. Toen hij zag dat Lea niet geliefd was en dat niemand haar wilde, koos hij haar, juist haar, voor een heel bijzondere taak. Eens zou God de gehele wereld redden – door Lea’s kinderen.

Nu Lea wist dat God van haar hield, vond ze het opeens niet zo belangrijk meer of haar man het meest van haar hield, en of ze wel de mooiste was. Iemand had haar gekozen, iemand hield van haar – met een Niet te Stoppen, Niet te Stuiten, Niet Stuk te Krijgen, Eeuwigdurende Liefde.

Dus toen Lea een jongetje kreeg noemde ze hem Juda, wat betekent: ‘nu zal ik de Heer loven’. En dat was precies wat ze deed.

Je raadt nooit wat God voor Lea in gedachten had. Weet je, toen God naar Lea keek, zag hij een prinses. En dat zou ze ook worden. Een van Lea’s achter-achterkleinkinderen zou een prins worden – de Hemelse Prins, Gods Zoon.

Deze Prins zou Gods mensen liefhebben. Ze hoefden niet mooi te zijn om van hem te houden. Hij zou hen liefhebben met heel zijn hart. En ze zouden prachtig zijn omdat hij van hen hield.

Zoals Lea.

De prins die vergaf

Josef en zijn broers, uit Genesis 37 – 47

JACOB HAD TWAALF zonen maar van hen was Jozef zijn favoriet.

Op een dag gaf Jacob Jozef een prachtige jas. Ze was heel duur en prachtig geborduurd met alle kleuren van de regenboog. Jozefs broers werden heel jaloers – zij wilden ook een dure regenboogjas.

Om het nog erger te maken droomde Jozef telkens weer dezelfde merkwaardige dromen: 'Ik droomde dat ik de grootste was! Ik was de koning,' vertelde Jozef zijn broers, 'en jullie bogen allemaal voor mij!'

Jij weet vast wel dat het niet slim is om zoiets tegen je broers te zeggen. Jozef zelf begreep dat niet. Zijn broers haatten hem nu nog meer. Ze wilden een einde maken aan Jozef en zijn dromen.

Op een dag gebeurde het. Ze scheurden zijn regenboogjas kapot en verkochten Jozef aan slavenhandelaars – voor 20 zilveren munten.

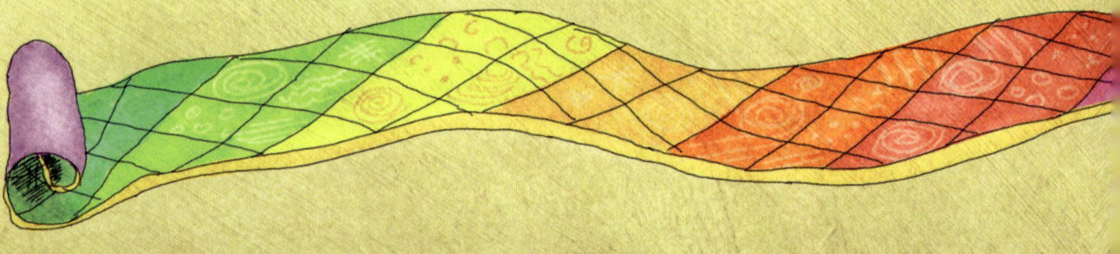

De handelaars namen Jozef mee naar Egypte en maakten een slaaf van hem. De broers gingen naar huis en logen tegen hun vader dat Jozef dood was.

Zo loopt het af met dromers!, dachten ze. Maar ze hadden het mis. God had een heel bijzonder plan met Jozefs leven, en zelfs al leek alles mis te gaan, God zou alles gebruiken om die droom uit te

laten komen. God zou alles wat Jozef overkwam gebruiken voor iets goeds.

Intussen zag het er wel slecht uit voor Jozef in Egypte. Hij was ver van huis en van zijn vader. Toen werd hij ook nog eens beschuldigd van iets wat hij niet gedaan had. Ondanks zijn onschuld werd hij in de gevangenis gegooid. Maar God was met Jozef.

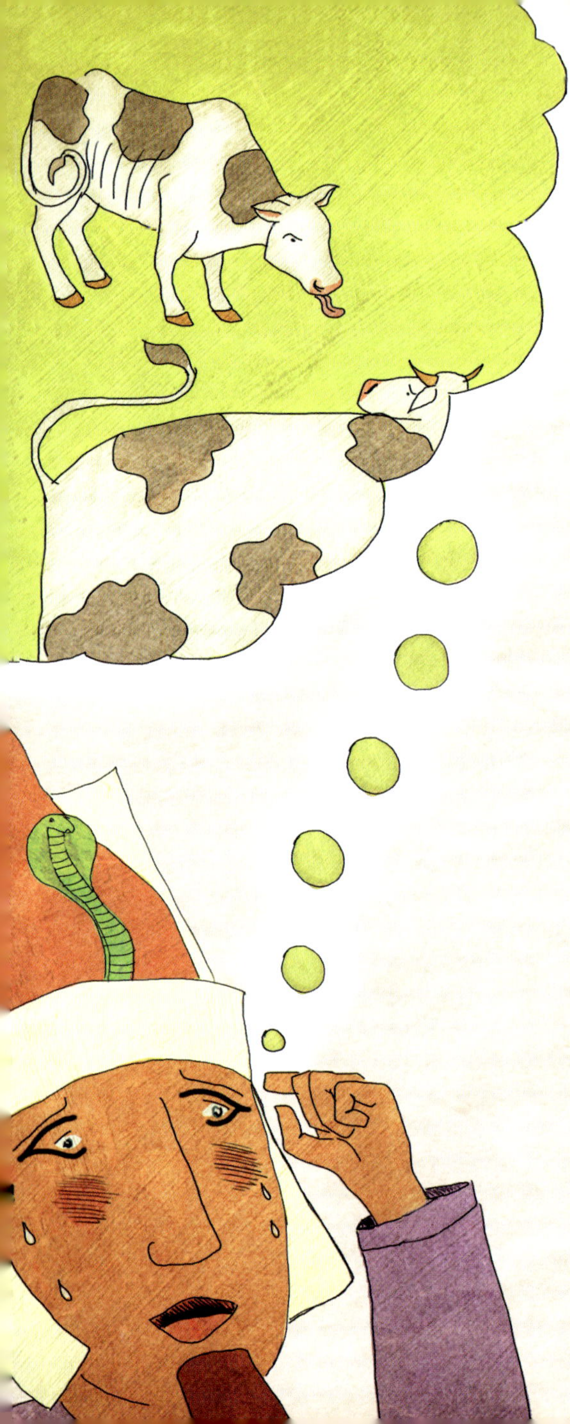

Op een nacht droomde Farao (de koning van Egypte) een akelige droom over dunne koeien die dikke koeien opaten. Wat ter wereld kon dat betekenen? Hij had geen idee. Omdat Jozef goed was in dromen liet Farao hem halen. 'Het betekent dat er honger zal komen,' legde Jozef uit. 'Er zal niet genoeg te eten zijn.' Farao was hem zo dankbaar voor deze uitleg dat hij Jozef onmiddellijk uit de gevangenis haalde en hem tot prins maakte.

Intussen waren Jozefs broers thuis door hun voedselvoorraad heen. Iedereen leed honger. Gods bijzondere familie was in gevaar; als ze niet snel aan voedsel zouden komen, zouden ze sterven. Daarom vertrokken de broers naar Egypte om eten te kopen.

Ze kwamen en knielden voor de nieuwe prins. De broers wisten niet dat het Jozef was. Maar Jozef herkende hen wel. Jozefs droom over zijn broers die voor hem zouden knielen, kwam uit.

'Ik ben het!' huilde Jozef. Toen zijn broers zagen dat hij het was, werden ze bang. Ze hadden hem pijn gedaan. Ze hadden gezondigd en wisten dat heel goed. Nu zou Jozef hen zeker straffen.

Maar toen Jozef naar zijn broers keek, vulden zijn ogen zich met tranen. Hoewel zij hem hadden gehaat en mishandeld en bijna gedood, hield hij nog steeds van hen.

Jozefs hart, dat zij gebroken hadden, vulde zich met liefde en hij vergaf hen.

Jozef sloeg zijn armen om hen heen. 'Wees niet bang,' zei hij. 'Achter wat jullie deden, bij alles wat gebeurde, was God. Hij deed iets goeds; hij was alles weer in orde aan het maken.'

Jozef strafte hen niet – hij redde hen. Hij zorgde ervoor dat Gods bijzondere familie veilig bij hem in Egypte kon wonen.

Op een dag zou God een andere Prins sturen, een jonge Prins wiens hart breken zou. Zoals Jozef zou hij zijn vaderlijk huis verlaten. Zijn broers zouden hem haten en hem doodwensen. Hij zou verkocht worden voor zilverstukken. Hij zou gestraft worden hoewel hij niets verkeerd had gedaan.

Maar God zou alles wat deze Prins zou overkomen, gebruiken voor iets goeds: de vergeving van de zonden van de hele wereld.

God redt!

Mozes en de Uittocht uit Egypte, uit Exodus 3-13

JOZEF EN ZIJN BROERS werden oud en stierven. Maar hun kinderen bleven in Egypte en ze groeiden uit tot een heel GROTE familie.

Jaren later kwam er een nieuwe koning. Deze Farao herinnerde zich Jozef niet meer en had een hekel aan Gods kinderen. Hij maakte hen tot zijn slaven, sloeg hen en dwong hen steeds harder te werken.

Gods mensen schreeuwden tot God om redding.

En God hoorde hen. Hij herinnerde zich zijn belofte aan Abraham. Hij zou voor zijn mensen zorgen. Hij hen hieruit helpen.

Op een dag, toen Mozes zijn schapen hoedde, trok iets zijn aandacht. Er gebeurde iets vreemds met een struik – de vlammen sloegen eruit, maar de bladeren verbrandden niet. Hij kwam dichterbij om te kijken.

'Mozes,' baste een luide stem.

Mozes viel achterover. De struik praatte tegen hem!'Ik heb het roepen van mijn volk gehoord,' zei God. 'Ik heb hun tranen gezien. Daarom ben ik afgedaald om hen te redden. Ga naar Farao en zeg hem dat hij mijn volk moet laten gaan.'

Mozes was bang. Maar God zei: 'Ik zal bij je zijn.'

Dus ging Mozes naar Farao.

'Farao,' begon Mozes, 'God zegt –'

'God?' vroeg Farao. 'Nog nooit van gehoord.'

Mozes sprak verder. 'God zegt dat u zijn volk moet vrijlaten.'

'Waarom zou ik?' vroeg Farao. 'Wil ik niet. PUNT UIT!' En hij deed het niet.

Toen gaf God hem tien waarschuwingen, 'plagen' heetten ze.

Eerst veranderde God de rivier de Nijl in bloed. Niemand kon eruit drinken. Toch liet Farao hen niet gaan.

Dus liet God kikkers komen; kwakend, huppend en springend. Kikkers in je bed, kikkers in je haar, kikkers in je soep, overal kikkers! 'Laat ze vertrekken!' schreeuwde Farao, 'dan mogen je mensen gaan.' Dus haalde God de kikkers weg.

Maar Farao bedacht zich.
'Jullie mogen niet weg!' zei hij.

Toen stuurde God ziljoen muggen. Maar nog steeds zei Farao: 'NEE!' Dus zond God zwermen steekvliegen – van die zoemende, die in je ogen vliegen.

En daarna: ziekte en verschrikkelijke puisten; enorme hagelstenen en een sprinkhanenstorm. Toen duisternis, midden op de dag – het leek wel alsof de gehele wereld en alle schepselen en dingen werden uitgezet, uitgeschakeld, teruggeworpen in het donker. En in de leegte. In het niets.

Maar telkens bleef Farao zeggen: ‘Laat het stoppen en ik zal ze laten gaan!’ En telkens wanneer God er een einde aan maakte, bedacht Farao zich weer en zei dan: ‘Hoewel... NEE! Jullie mogen niet gaan!’

Uiteindelijk waarschuwde Mozes Farao: ‘Als u God niet gehoorzaamt, zal hij u het allerergste laten overkomen.’ Farao lachte alleen maar.

Dus zei God: ‘De oudste zoon van elk gezin moet sterven. Maar mijn volk zal gespaard blijven.’

God droeg zijn volk op om het beste lam te slachten en wat van zijn bloed op de deurpost te smeren. ‘Als God langs deze huizen gaat’, legde Mozes uit, ‘zal hij het bloed zien en weten dat het lam in jullie plaats is gestorven.’

Die nacht gebeurde precies wat God had gezegd. Een bloedstollende schreeuw doorkliefde de donkere stilte en weerkaatste door de gangen van het paleis. Farao's oudste zoon was gestorven! Eindelijk deed Farao wat God zei.

'GA WEG!' schreeuwde Farao. 'VERDWIJN!'

Zo gebeurde het dat Mozes en Gods volk die nacht vluchtten uit Egypte, uit de slavernij. Ze waren eindelijk vrij!

Gods volk zou zich deze redding altijd herinneren als het 'Pascha'. Maar er zou een nog Grotere Redding komen.

Vele jaren later zou God dit opnieuw gaan doen. Nog één keer zou Hij neerdalen om zijn mensen te redden. Maar dan zou God hen vrijmaken voor altijd en eeuwig.

God maakt een weg

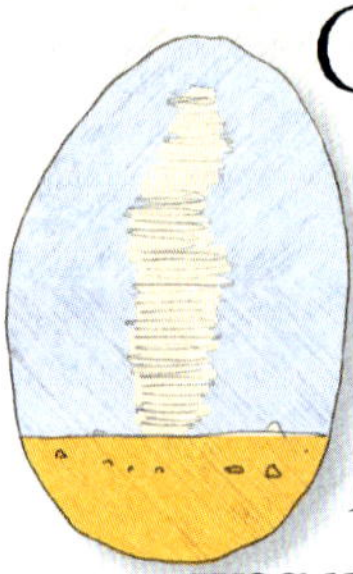

Mozes en de Rode Zee,
uit Exodus 14-15

Mozes en Gods volk vluchtten weg uit Egypte, in de woestijn. De weg wisten zij niet – maar God wist de weg en zou hun die wijzen.

'Ik zal jullie naar een nieuw thuis brengen, een bijzonder land,' beloofde God hen. 'Ik zal voor jullie zorgen, ik ben met jullie.'

God stuurde een grote wolk als richtingwijzer – een rookpilaar die zich oprichtte in de lucht. Hij bewoog voor hen uit als zij liepen en schermde hen af voor de verzengende hitte overdag. Als het tijd was om te rusten, hield de pilaar halt. Tijdens de koude woestijnnachten hield hij hen warm en gloeide hij als vuur.

God leidde zijn volk door de woestijn naar de oever van een grote zee. Ze vroegen zich net af hoe ze haar moesten oversteken toen ze plotseling een verschrikkelijk gedonder en gestamp hoorden. Het klonk als hoefgetrappel. Ze beschermden hun ogen tegen de zon, tuurden achter zich en – schreeuwden het uit! Kijk! Farao en zijn leger kwamen eraan om hen te pakken!

Farao had zich alweer bedacht. 'Geef mij mijn SLAVEN terug!' brulde hij en stormde vanuit de woestijn op hen af, samen met 600 van zijn snelste rijders en met alle strijdwagens van Egypte.

Wat zou Gods volk gaan doen? Voor hen lag een grote zee. Zij was zo groot dat er geen weg omheen liep. Maar erdoorheen gaan kon ook niet – ze was veel te diep. Ze hadden geen boten en konden dus ook niet overzeilen. En ze konden ook niet gaan zwemmen; het was veel te ver en ze zouden zeker verdrinken. Zich omdraaien en teruggaan ging ook niet, want Farao zat achter hen aan. De glimmende zwaarden waren nu goed te zien, oplichtend in de brandende zon; evenals de stofwolken, en de angstaanjagende gevechtswagens die op hen afstormden. Dus deden ze het enige wat ze nog konden – ze raakten in PANIEK!

'We gaan sterven!' gilden ze.

'Niet bang zijn!' zei Mozes

'Maar we kunnen niets doen!' schreeuwden ze.

'God weet dat jullie niets kunnen doen!' zei Mozes. 'God zal het voor jullie doen. Vertrouw op hem. En wacht!'

'Maar er is geen uitweg!' huilden ze.

'God zal een weg maken,' zei Mozes.

Nog een minuut en het zou allemaal voorbij zijn. Maar toen gebeurde iets heel vreemds.

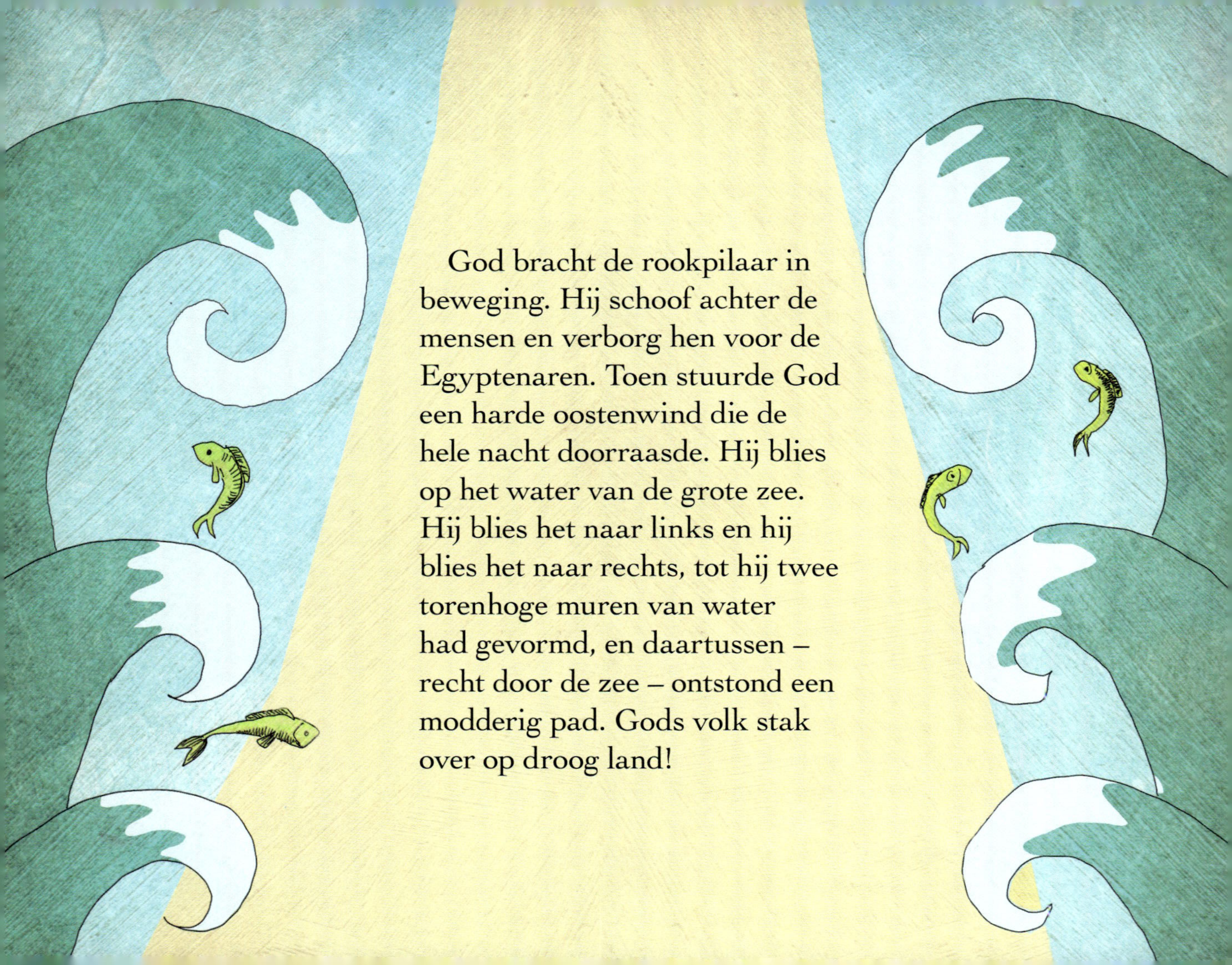

God bracht de rookpilaar in beweging. Hij schoof achter de mensen en verborg hen voor de Egyptenaren. Toen stuurde God een harde oostenwind die de hele nacht doorraasde. Hij blies op het water van de grote zee. Hij blies het naar links en hij blies het naar rechts, tot hij twee torenhoge muren van water had gevormd, en daartussen – recht door de zee – ontstond een modderig pad. Gods volk stak over op droog land!

Toen de Egyptenaren hen probeerden te volgen, vielen de muren van water achter hen om, en verzwolgen de Egyptenaren.

Gods mensen waren veilig. Ze dansten en lachten en zongen en dankten God; toen er geen uitweg was, maakte God een weg.

Vele jaren later zou God opnieuw een weg maken waar geen weg was.

Vanaf het begin waren Gods kinderen van hem aan het wegrennen en zich voor hem aan het verstoppen. God wist dat zijn kinderen nooit gelukkig zouden zijn zonder hem. Maar ze konden niet zelf naar hem terugkeren – ze waren verdwaald, ze waren de weg kwijt.

Maar God wist de weg.

En op een dag zou hij hun die wijzen.

Tien regels om volmaakt te zijn

Mozes en de Tien Geboden, uit Exodus 16-17, 19-40

DAAR ZATEN ZE dan. Oma's, opa's, baby's, ooms, tantes, kinderen, moeders en vaders, middenin de woestijn. Ze hadden blaren van al het lopen, ze hadden honger. En dorst. En ze hadden het veel en veel te heet.

'We vinden het niet leuk!' zeiden ze. 'Het stinkt!' (En ze hadden gelijk, niemand had de laatste weken een bad genomen.)

Vergeet niet (zijzelf waren het wel vergeten) dat God verbazingwekkende dingen gedaan had voor zijn volk. Hij liet hen schuilen achter een wolk. Hij had de zee verplaatst. Hij had hen bevrijd.

Maar Gods mensen waren nog steeds niet gelukkig. Het deed hun niks dat ze vrij waren – was het niet beter geweest om slaaf te zijn? Toen hadden ze tenminste genoeg lekker eten.

'God wil niet dat we gelukkig zijn,' zeiden ze. Het was dezelfde leugen die Adam en Eva hadden gehoord, jaren geleden. 'God heeft ons hier gebracht om ons te doden. God houdt niet van ons!' Maar ze kenden God niet erg goed, of wel soms?

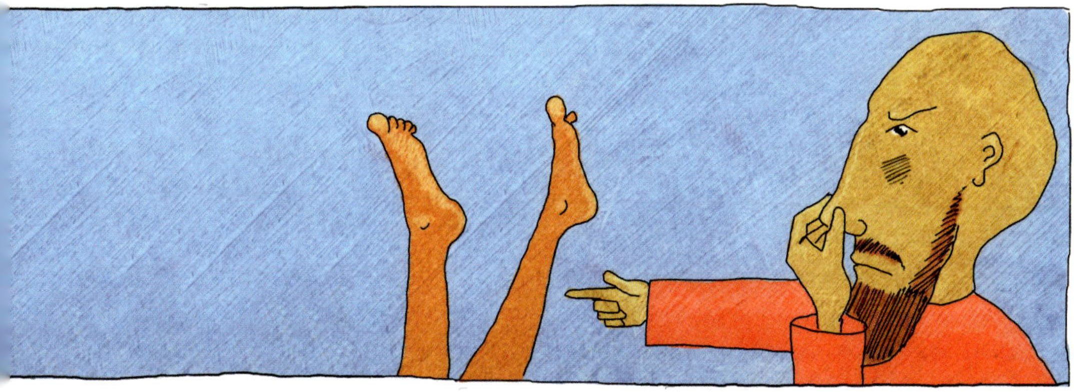

Iedere dag van de reis liet God zijn volk zien hoe goed hij voor hen zou zorgen als ze hem vertrouwden en gehoorzaamden. Als ze honger hadden, liet God het voedsel regenen – brood dat neerkwam uit de hemel! 'Wat is dit?' vroegen ze elkaar. Ze kenden het niet, dus noemden ze het 'Wat is dit' (natuurlijk een prima naam voor iets wat je niet kent). Toen ze dorst hadden en ruzie kregen, liet God water komen uit een rots. Mozes noemde die plek 'Ruzie maken' (dat leek ook een geschikte naam).

En nog steeds vertrouwde Gods volk hem niet en deed niet wat hij zei. Ze dachten dat ze zelf beter in staat waren om voor zichzelf te zorgen en gelukkig te worden. Maar God wist dat er niet zoiets bestond als gelukkig zijn zonder hem.

Dus leidde God hen naar een hoge berg. God wilde met zijn volk praten en hun laten zien hoe hij was. Hij wilde hen helpen hem beter te leren kennen en hun vertellen over het bijzondere land dat hij hun zou geven.

'De gehele aarde is van mij!' zei God. 'Maar ik heb júllie uitgekozen – jullie zijn mijn bijzondere familie. Ik wil dat jullie zo leven dat iedereen kan zien hoe ik ben – zodat ook zij mij leren kennen.

God riep Mozes de berg op. De grote berg beefde. Een dikke wolk daalde neer. Het donderde. Er waren lichtflitsen. En God gaf Mozes Tien Regels, ze heetten 'geboden'.

'Ik wil dat jullie mij meer liefhebben dan al het andere in de wereld – en weet dat ik ook van jullie houdt,' vertelde God hun. 'Dat is het allerbelangrijkste.'

God gaf hun allerlei regels, zoals: maak voor jezelf geen nepgoden; dood geen mensen; steel niet; lieg niet. Ze vertelden Gods volk hoe ze moesten leven, en hoe ze dichtbij hem konden zijn, en hoe ze gelukkig konden worden. Ze lieten zien wat je het beste kon doen.

'God beloofde altijd voor jullie te zorgen,' zei Mozes. 'Zullen jullie hem liefhebben en je houden aan deze regels?'

'Dat zal ons wel lukken! Ja! Dat beloven we!'

Maar ze hadden het mis. Het zou hen niet lukken. Hoe ze ook hun best deden, ze zouden zich nooit aan al Gods regels kunnen houden.

God wist dat ze dat niet konden. En hij wilde dat ze daar ook achter zouden komen.

Slechts één Persoon zou alle regels opvolgen. En vele jaren later zou God hem sturen – hij zou hun plek innemen en in plaats van hen volmaakt zijn.

Omdat de regels hen niet konden redden.

Alleen God kon hen redden.

De legeraanvoerder

Jozua en de slag bij Jericho, uit Jozua 3 en 6

TOEN MOZES WAS gestorven gaf God zijn volk een nieuwe leider. Zijn naam was Jozua, wat 'de Heer redt' betekent. Jozua zou Gods volk brengen in het bijzondere land dat God hun had beloofd.

Gods volk had nu al 40 jaar in die brandende woestijn rondgelopen! Je kunt je dus wel voorstellen hoe ziek ze waren van al dat zand en van alles wat geel was en van tenten en van lopen en van het heet hebben. En hoe blij ze waren dat ze het einde van de woestijn hadden bereikt en hun mooie nieuwe thuis konden zien – recht voor hen: helemaal fris, groen en liefelijk. Er was alleen een probleem.

Jericho.

Jericho was een oude stad – maar geen gewone. Het was een vesting die iedereen tegenhield die het land binnen wilde komen.

De mensen keken naar Jericho. Naar de enorm grote, geweldige muren eromheen. Naar de hoge vestingtorens. Naar de zware ijzeren poorten die afgegrendeld waren. Naar elkaar.

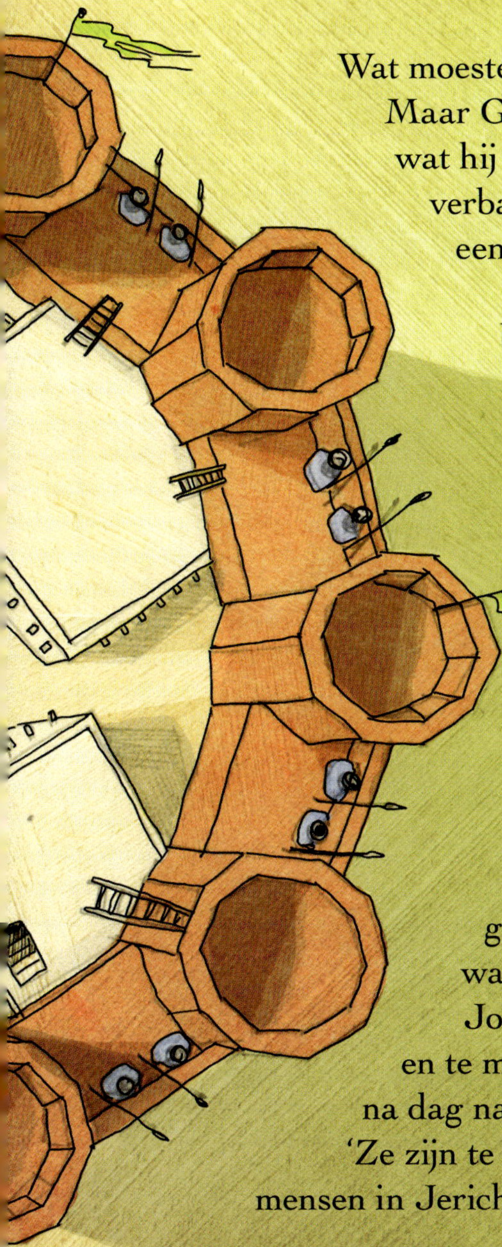

Wat moesten ze doen? Niemand wist het. Maar God wist het wel. Hij zei Jozua wat hij moest doen. Jozua zal wel heel verbaasd geweest zijn, want het was een behoorlijk raar strijdplan.

Daarna deed God zijn volk een belofte. 'Ik zal altijd met jullie zijn. En ik zal jullie nooit en nimmer verlaten. Als jullie doen wat ik zeg, zullen jullie gelukkig en zonder problemen in het nieuwe land wonen.'

Dus riep Jozua zijn soldaten bij elkaar. Ze hadden hun zwaarden en spiesen en schilden meegenomen. Ze waren klaar om te vechten. Maar dat was niet de bedoeling; Gods plan ging over vertrouwen en doen wat hij vroeg.

Jozua's leger begon te marcheren en te marcheren rondom de stad. Dag na dag na dag.

'Ze zijn te bang om te vechten!' zeiden de mensen in Jericho.

Maar ze hadden het mis. Gods mensen waren niet bang – ze wachtten. Ze wachtten tot God hun vertelde wat ze moesten doen.

Op de zevende dag zei God tegen zijn volk dat ze niet een maar zeven keer om de stad heen moesten lopen. Toen zei hij dat ze allemaal zoveel lawaai moesten maken als ze konden. (Heeft iemand dat ooit weleens tegen jou gezegd? Nou, stel je voor hoe dat klinkt, bedenk er 39.999 andere mensen bij die hetzelfde geluid maken – en je krijgt er een idee van. Je hoofd barst!)

Nou, de stenen barstten er ook van! De enorme, sterke muren van Jericho zakten in alsof ze van zand waren. Jericho verdween in een grote stofwolk.

Zo betrad Gods volk zijn nieuwe thuis. En ze hoefden niet te vechten om binnen te komen – lopen was genoeg.

Jozua zei: 'God bracht jullie hier in veiligheid. Zullen jullie nu doen wat hij zegt?'

Iedereen zei: 'Dat beloven we.'

'Alleen God kan jullie hart gelukkig maken,' zei Jozua. 'Bid dus niet tot nepgoden.'

'Nee,' zeiden ze. 'Nooit!'

Ik ben bang dat ze hun belofte niet gingen houden. Ze wilden niet doen wat God vroeg, en vele jaren later zou gebeuren waar God hen voor had gewaarschuwd. Het zou met het volk van God de verkeerde kant opgaan. Ze zouden hun huis verliezen. Vijanden zouden hen gevangen nemen en hen meenemen als slaven. En Gods volk zou verspreid raken over veel verschillende landen.

Maar Gods Plan was er nog steeds.

Op een dag zou hij zijn volk een andere Leider geven. En een ander huis.

Maar dit huis zou niemand van hen kunnen afpakken.

De piepjonge... echte koning

Samuël zalft David, uit 1 Samuël 16

GODS VOLK had een nieuw land. Nou wilde ze een koning.

Maar God is jullie koning,' zei Samuël tegen hen. 'Geen andere zorgt zo goed voor jullie.'

'We willen een echte koning!' zeiden ze. 'Eentje die we kunnen zien!' God wist dat een koning nooit zo vriendelijk en zorgzaam voor zijn volk zou zijn als hij. Maar dat kon Gods volk niets schelen; zij wilden een koning en ze wilden hem nu!

Dus gaf God hun een koning. Hij werd Saul genoemd en hij leek een goede koning – in het begin. Hij werd echter trots en stopte met luisteren naar God. Hij gehoorzaamde God niet. Hij had hem niet lief met heel zijn hart.

'Saul kan mij niet helpen met mijn plan,' zei God.

'Ik heb een koning nodig die van mij houdt en die mijn volk leert om van mij te houden. Een echte koning.' God had er al een in gedachten.

'Ga naar Betlehem,' zei God tegen Samuël. Daar zul je de nieuwe koning vinden.' (Samuëls werk was luisteren naar God en de mensen vertellen wat hij zei.)

En dus ging Samuël naar het kleine stadje Betlehem. God vertelde Samuël dat hij naar Isaï's huis moest gaan. God zou een van Isaï's zonen uitkiezen om de nieuwe koning te worden.

Isaï had zeven sterke zonen.

Nu was het in die tijd zo dat een koning niet de rijkste of de knapste hoefde te zijn (al was dat wel mooi meegenomen). Je moest er als een koning uítzien; je moest de grootste en de sterkste zijn. (Zodat je het langste zwaard kon dragen en het grootste harnas waarmee je iedereen kon verslaan.) Het was trouwens ook helemaal niet erg als je er mooi uitzag.

Samuël vroeg Isaï of hij hem om de beurt zijn zonen wilde laten zien. Dus bracht Isaï de oudste, grootste en sterkste zoon. Dit moet wel de nieuwe koning zijn, dacht Samuël. Hij ziet er koninklijk uit.

Maar God koos hem niet uit. 'Jij denkt alleen maar aan wat je van buiten ziet,' zei God tegen Samuël, 'maar ik kijk naar zijn hart, hoe hij vanbinnen is.'

Toen bracht Isaï de een-na-oudste, -grootste en -sterkste zoon. Maar God koos hem ook niet uit. Sterker nog, God koos niemand van de zeven zonen.

Samuël zei: 'Is dat alles?'

Isaï lachte. 'O, nou ja, ik vergeet de jongste, maar hij is de ukkepuk van het gezin, hij is nog piep -'

'Breng hem hier,' zei Samuël.

Isaï's jongste zoon kwam op hen af rennen, en God zei tegen Samuël: 'Dit is hem!'

Zijn naam was David.

'Hij heeft een hart als het mijne,' zei God. 'Het is vol liefde; zijn achterkleinkind zal de Koning worden. Die Koning zal de wereld voor eeuwig regeren.'

Samuël zalfde Davids hoofd met olie – hiermee liet je zien dat dit een door God uitgekozen koning was. 'Op een dag zul jij de nieuwe koning worden,' zei Samuël tegen hem.

En inderdaad, toen David ouder werd, werd hij koning.

God koos David als koning omdat God zijn volk voorbereidde op de komst van een nog grotere Koning.

Opnieuw zou God zeggen: 'Ga naar Betlehem. Je zult daar de nieuwe Koning vinden.' En daar in Betlehem, de stad van David, tijdens een nacht vol sterren, zouden drie Wijze Mannen hem vinden.

De kleine held en de enorme reus

David en Goliath, uit 1 Samuël 17

GODS VOLK HAD een paar angstaanjagende vijanden, maar de Filistijnen waren de ergste. En nu waren deze Filistijnen gekomen om met hen te vechten.

De Filistijnen hadden een geheim wapen, 'Goliath'. Goliath was een indrukwekkende strijder en – het ergste van alles: een REUS! Een reus zo sterk, zo groot en zo angstaanjagend dat niemand met hem kon vechten – en het kon navertellen.

Daar stonden ze dan, de Filistijnen, bovenop een heuvel; Gods volk stond op de top van een andere. Elke dag kwam Goliath naar voren en schreeuwde: 'Stuur je beste soldaat naar me toe om met me te vechten!' Als hij wint zullen wij jullie slaven zijn. Maar als ik win, zullen jullie onze slaven zijn!'

Niemand sprak. Niemand bewoog.

'Kuikens!' spotte Goliath. 'Jullie God kan jullie niet redden! Ik snij jullie hoofden eraf voor op mijn boterham!' Vanonder zijn enorme helm gluurden hebberige kraaloogjes – alsof hij hen op elk moment kon verslinden. Hij lachte zijn verschrikkelijke lach: 'Ha-Ha-Ha-Ha!' Het gebulder werd keer op keer weerkaatst rond de droge, droge vallei.

Nou, Goliath had net zo goed een groen slijmerig monster met drie hoofden kunnen zijn, want Gods volk bevroor van angst. Hun ogen werden glazig en ze zagen verschrikkelijk bleek. Ze wisten dat als er niets snel iets gedaan werd, als er niet iemand opdook om hen te redden –

Maar God ging iets doen. Hij zou iemand sturen om hen te helpen.

David was de jongste zoon van Isaï, en zijn broers waren soldaten in het leger. Op een dag, toen David zijn broers hun lunchpakket bracht, zag hij Goliath. Hij zag ook hoe bang iedereen was.

'Niet bang zijn,' zei David. 'Ik zal hem voor jullie verslaan!'

'Je bent maar een kleine herdersjongen,' zei de koning, 'en Goliath is een enorme strijder. Hoe kun jij nu tegen hem vechten?'

'God zal mij helpen,' zei David.

Dus gaf de koning David zijn koninklijke wapenrusting te dragen, maar het was te zwaar en te groot en David kon er niet eens mee lopen.

'Ik heb dit niet nodig,' zei David.

In plaats daarvan pakte David vijf gladde stenen uit de beek – een, twee, drie, vier, vijf – pakte zijn slinger en liep naar Goliath. Stap. Stap. Stap.

Goliath liep naar David toe. DREUN DREUN DREUN. 'Jij?' Goliath tuurde omlaag naar de kleine jongen.

'Ik ben klein,' schreeuwde David naar hem, 'maar God is groot!'

Goliath lachte een nog verschrikkelijker lach dan gewoonlijk. 'HAAAA-HA-HA-HAAAA!' klonk het.

Met maar één zwaai van zijn gigantische zwaard kon Goliath de jongen verslaan.

Maar David ging verder. 'Het gaat er niet om hoe sterk je bent of hoeveel speren en zwaarden je hebt – het is Gód die je redt! Dit is Gods gevecht. En God wint altijd!'

David stopte een steen in zijn slinger, zwaaide hem rond – en zwiepte hem weg. De kleine steen vloog WOEZZ als een kogel door de lucht en raakte Goliath POK tussen de ogen. Goliath stopte met lachen…

Hij wankelde… en struikelde… en viel BOEM! dood neer.

Toen de Filistijnen zagen dat Goliath dood was, vluchtten ze weg. Toen Gods volk hen weg zag rennen, juichten ze. God had zijn volk gered. David was een held!

Vele jaren later zou God zijn volk een andere Held sturen om voor hen te vechten. En hen te redden.

Maar deze Held zou het grootste gevecht leveren dat de wereld ooit gekend heeft.

De Goede Herder

David de Herder-Koning, uit Psalm 51, 2 Samuël 7; vrij naar Psalm 23

DAVID WAS EEN HERDER, maar als God naar hem keek zag hij een koning.

En inderdaad, toen David opgroeide werd hij dat ook. David was een geweldige koning. Hij had een hart als dat van God – vol met liefde.

Niet dat hij perfect was – nee, hij deed een paar verschrikkelijke dingen, vermoordde zelfs een man. David maakte eigenlijk een grote puinhoop van zijn leven. Maar God kan zelfs de grootste puinhoop gebruiken voor zijn plan.

'Ik heb een nieuw hart nodig, Heer,' bad David, 'want het mijne is vol zonde. Maak me vanbinnen schoon.'

God hoorde Davids gebed. Hij vergaf David en hij beloofde hem: 'Ik zal jou heel belangrijk maken, David. En op een dag zal er een Koning worden geboren in jouw familie die de gehele wereld zal genezen.'

Wist je dat David ook liedjes schreef? Eerlijk gezegd waren zijn liedjes zo goed, dat ze zeker in de top-40 zouden hebben gestaan (als die toen bestond).

Davids liedjes zijn net gebeden. Ze worden psalmen genoemd en die nu komt heet ‘het lied van de herder’. (Waarschijnlijk de nummer-1 hit onder de psalmen.) En het gaat zo…

God is mijn Herder
en ik ben zijn kleine lam.

Hij voedt mij
hij leidt mij
hij zorgt voor mij.
Ik heb alles wat ik nodig heb.

Van binnen is mijn hart héél rustig.
Net alsof ik in het zachte groen gras lig
in een weiland
bij een beekje.

Zelfs wanneer ik langs
donkere, enge, eenzame plekken loop
zal ik niet bang zijn
want mijn Herder weet waar ik ben.

Hij is hier bij me
hij beschermt me
hij redt me.

Hij maakt mij sterk
en dapper.

Hij is wonderlijke dingen voor mij aan het klaarmaken,
speciaal voor mij
Alles waar ik ooit van gedroomd heb!
Hij vult mijn hart met zoveel geluk
ik kan het allemaal niet voor mij houden

Waar ik ook ga, ik weet
dat Gods Niet te Stoppen,
Niet te Stuiten,
Niet Stuk te Krijgen,
Eeuwigdurende
Liefde
met me mee gaat!

God gaf David dit lied om voor zijn volk te zingen. Zo zouden ze weten dat hij van hen hield en altijd voor hen zou zorgen – zoals een herder die houdt van zijn schapen.

En op een dag ging God iets doen waarover duizenden en duizenden liederen geschreven zouden worden. God zou zijn mensen voor eens en altijd laten zien hoeveel hij van hen hield.

Een andere Herder zou komen – een betere. Hij zou de Goede Herder genoemd worden. Deze Herder zou al Gods schapen terugbrengen naar waar ze hoorden - dicht tegen Gods hart.

Het dienstmeisje en de trotse generaal

De kleine slavin en Naäman, uit 2 Koningen 5

NAÄMAN WAS een heel belangrijke man in een heel belangrijk leger van een heel belangrijk land. Kortom, hij was heel, heel, heel belangrijk.

Maar Naäman was ziek. Hij had lepra, een nare ziekte waardoor je geen gevoel meer hebt. Er vallen stukjes van je af zonder dat je het door hebt, zoals gebarsten vingers en geplette tenen. Het klinkt grappig maar dat was het niet – en Naäman kon er ook zeker niet om lachen. Er was geen behandeling tegen, het ging nooit meer weg, en op het laatst sterf je. Naäman had hulp nodig.

Nu was er een klein slavinnetje dat voor Naäman werkte. Zij kende iemand die hem kon helpen. Maar er was één probleem; Naäman was haar vijand.

Niet lang daarvoor had Naäman een leger aangevoerd dat haar huis in Israël had geplunderd. Hij had haar gehele familie vermoord, haar ontvoerd naar Syrië, en haar tot zijn slavin gemaakt. Elke nacht viel ze huilend in slaap – ze was alles kwijt.

Waarom zou uitgerekend zij Naäman helpen? Haatte ze hem dan niet en wilde ze geen wraak nemen? Wilde ze hem niet betaald zetten voor al het slechte wat hij gedaan had?

Dat is wat je zou verwachten, maar in plaats van hem te haten, hield ze van hem. In plaats van hem terug te pakken, vergaf ze hem.

‘Ik wil dat Naäman geneest,’ zei ze tegen haar meesteres. ‘Er is een man in Israël, hij heet Elisa. Hij kan hem genezen.’

‘Oké, ik ga,’ zei Naäman, terwijl hij zijn wagens volstouwde en zijn glimmende wapenrusting aandeed. ‘Maar ik ga wel naar het paleis, want dat is de plek waar een belangrijk iemand als ik genezen wordt!’

Hij haastte zich snel naar Israël en ging meteen naar de koning. ‘Mijn genezing, alstublieft!’ deelde hij mee.

'Ik kan veel doen,' antwoordde de koning, 'maar alleen God kan genezen.'

Op dat moment arriveerde juist een boodschap van Elisa. 'Stuur Naäman hierheen,' stond er.

Dus haastte Naäman zich naar Elisa's huis. Maar Elisa kwam niet eens naar buiten om hem te begroeten. In plaats daarvan stuurde hij een dienaar. *Realiseert Elisa zich niet wie ik ben?*, dacht Naäman.

Wat de dienaar toen tegen hem zei maakte hem nog bozer. 'Ga u daar wassen,' zei hij.

'Wassen, meer niet?' Hij keek rond om te zien of dit misschien een grap was. Dat was het niet. *Iedereen kan zich wassen in een rivier!*, dacht hij. *Ik ben Naäman. Ik ben belangrijk. Ik zou iets belangrijks moeten doen zodat God mij kan genezen!* En hij reed woedend weg. (Natuurlijk weten wij allemaal dat God zo niet werkt. Wat Naäman nodig had, was: niets. Dat was het enige wat Naäman niet had.)

God wist dat Naäman nog zieker van binnen was dan van buiten. Naäman was trots. Hij dacht dat hij God niet nodig had. Zijn hart werkte niet goed – het kon niets voelen. Eigenlijk had Naäman lepra in zijn hart. God ging niet alleen Naämans huid genezen, hij ging hem ook van zijn trots genezen.

Uiteindelijk stemde Naäman toe zich in de rivier te wassen, en meteen was zijn huid zo zacht als van een baby.

'God genas u. U hoeft mij er niet voor te betalen,' zei Elisa. 'Het is gratis.'

En zo werd een heel erg zieke man genezen, omdat er een klein slavinnetje was dat hem vergaf.

God wist dat de zonde net zoiets was als lepra. De zonde maakte dat de harten van zijn kinderen het niet meer goed deden – uiteindelijk zouden ze er dood van gaan. Jaren later zou God een andere Dienaar sturen, om te vergeven zoals zij had gedaan – hij zou al Gods kinderen vergeven en de verschrikkelijke ziekte in hun harten genezen.

Hun harten waren gebroken.

Maar God kan gebroken harten weer herstellen.

Operatie 'Geen tranen meer!'

De Redder zal komen: profetieën uit Jesaja 9, 11, 40, 50, 53, 55, 60

WEET JIJ wat jouw naam betekent? Wel, er was eens een man die Jesaja heette, en dat betekent: 'God redt!'

Al vind je dat misschien een gekke naam – het was precies de goede naam voor Jesaja. God had namelijk een speciale opdracht voor hem. Jesaja's taak hield in dat hij moest luisteren naar God en aan de mensen moest vertellen wat hij had gehoord.

Nu, God vertelde Jesaja een geheim. God was bezig zijn gebroken wereld weer heel te maken. Hij liet Jesaja zijn Geheime Reddingsplan zien: Operatie 'Geen tranen meer!'

Dit is de boodschap die God aan Jesaja gaf (het was als een brief die God schreef aan zijn kinderen)…

Lieve kleine kudde,

Jullie lopen allemaal van mij weg, als schapen op het open veld. Jullie hebben dat altijd gedaan. Wegrennen. En nu zijn jullie verdwaald. Jullie weten de weg terug niet meer.

Maar ik kan niet stoppen met van jullie te houden. Ik zal naar jullie toekomen en jullie vinden. Ik stuur een Herder om voor jullie te zorgen en van jullie te houden. Hij draagt jullie weer terug naar huis, naar mij.

Jullie hebben rond lopen strompelen, als mensen in een donkere kamer. Maar in de duisternis zal een stralend licht schijnen! Het zal alle schaduwen verdrijven, als de zon.

Er zal een baby'tje geboren worden. Een koningszoon. Zijn mamma zal een jong meisje zijn zonder man. Zijn naam zal Immanuël zijn, wat betekent: 'God is gekomen om bij ons te wonen.' Hij is een van Davids achter-, achter-, achterkleinkinderen. De Vredeprins.

Ja, Iemand zal komen en jullie redden!

Maar hij zal niet degene zijn die iedereen verwacht.

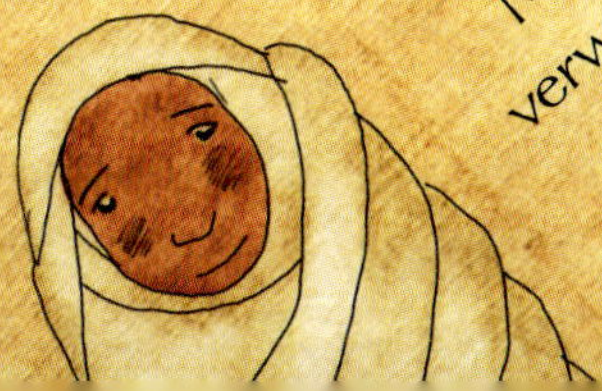

Hij zal een Koning zijn! Maar hij
zal niet in een paleis wonen en veel geld
zal hij niet hebben. Hij zal arm zijn, een dienaar.
Maar deze Koning zal de gehele wereld genezen.
Hij zal een Held zijn! Hij zal voor zijn mensen
vechten, en hen redden van hun vijanden. Maar hij
zal geen grote legers aanvoeren, en hij zal niet
met het zwaard vechten.
Hij zal de blinden weer ziende maken,
hij zal de verlamden weer laten springen
als herten! Hij zal alles weer maken
zoals het ooit bedoeld was.
Maar de mensen zullen hem haten, en ze zullen niet
naar hem luisteren. Hij zal zijn als een lam – hij zal
lijden en sterven.

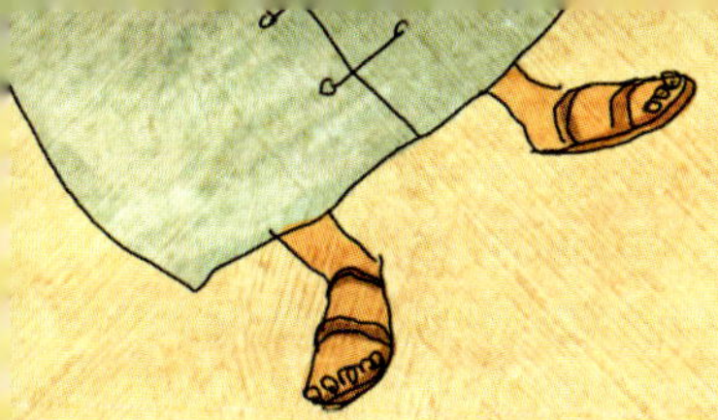

Dit is het Geheime Reddingsplan dat we maakten – al voor het begin van de wereld!

Het is de enige manier om jullie weer terug te krijgen. Maar hij zal niet dood blijven – ik zal hem weer levend maken!

En op een dag, als hij terugkomt om voor eeuwig te regeren, zullen de bergen en de heuvels dansen en zingen van vreugde! De aarde zal juichen! Zijn roem zal de aarde vervullen – zoals de wateren de zee! Al het verdrietige zal verdwijnen. Zelfs de dood zal sterven! En hij zal iedere traan van ieder oog wegwissen.

Ja, de Redder zal komen. Kijk naar hem uit. Wacht op hem. Verwacht hem. Hij zal komen!

Dat beloof ik.

Arme Jesaja. Hij las Gods brief telkens en telkens weer voor aan Gods volk, maar niemand luisterde naar hem – helemaal niet. Nooit. Ze wilden niets weten van Gods belofte. Ze geloofden er niks van.

Klonk het misschien te mooi om waar te zijn? Zo'n verhaal dat uiteindelijk goed afloopt? Want het klinkt inderdaad als een sprookje, ja toch? En iedereen weet dat sprookjes niet bestaan.

Of wel soms?

LIEFS, GOD

Daniël en de enge nacht

Daniël en de leeuwenkuil, uit Daniël 6

HET ZAG ER NIET goed uit voor het volk van God. Ze waren gevangen genomen en weggevoerd van huis – en nu waren ze slaven van de koning van Babylon. Maar God had zijn mensen niet in de steek gelaten. Hij was bij hen en zorgde voor hen.

Daniël hield van God en gehoorzaamde hem. God gaf hem dat hij veel moeilijke dingen kon begrijpen, en het duurde niet lang of de koning van Babylon merkte hem op. Koning Darius vond het leuk dat Daniël zo slim was. Hij maakte van Daniël zijn belangrijkste helper, en maakte hem de baas over een heleboel andere helpers.

Maar de andere helpers waren hier niet blij mee. Ze wilden dat de koning hen het leukste vond. Ze wilden van Daniël af.

Dus begonnen zij hem te bespioneren. Ze probeerde iets verkeerds aan Daniël te ontdekken, dingen die ze de koning konden vertellen, dingen waarmee... maar er waren geen slechte dingen. Geeneen. Ze konden helemaal niets vinden.

Het enige was: drie keer per dag – zonder uitzondering, wat er ook gebeurde – ging Daniël naar zijn kamer, sloot de deur en bad.

Ze lachten in hun vuistje. 'We zullen de koning een wet laten maken; niemand mag bidden tot iemand BEHALVE TOT DE KONING! Daniël zal deze wet niet opvolgen en hij zal gestraft worden!'

Ze waren heel tevreden over zichzelf en vonden zichzelf super slim. Ze renden naar de koning om het hem te vertellen. De koning vond het een goed idee. Hij wist niet dat ze hem een streek leverden. Dus maakte hij er een wet van: 'Iedereen mag alleen bidden – tot MIJ! Als jullie dat niet doen, staan jullie als hoofdgerecht op het leeuwenmenu!'

Daniël hoorde dit. Hij wist dat het verkeerd was om tot iemand anders dan God te bidden Hij moest doen wat God zei – wat het hem ook zou kosten, zelfs als hij moest sterven. Dus ging Daniël naar zijn kamer, sloot de deur, en bad.

Dat was nu precies wat de slechte mannen van Daniël verwacht hadden. Ze huppelden direct naar de koning om het hem te vertellen. 'O Uwe Schitterende Hoogheid, zegt uw wet niet dat iedereen alleen tot u mag bidden, Koning?'

'Ja,' zei de koning.

'O, Majesteitelijke Slimheid, zeg het ons als we het mis hebben, maar… het lijkt erop dat Daniël bidt tot God, NIET TOT U!'

De koning was verdrietig. Hij was erin geluisd! Hij wilde Daniël geen pijn doen, maar hij kon zijn wet niet meer terugdraaien. En dus liet hij zijn soldaten Daniël voor de leeuwen gooien. 'Mag jouw God, van wie je zoveel houdt, je redden!' zei de koning.

De koning ging terug naar zijn paleis, maar hij deed die nacht geen oog dicht. Hij piekerde en peinsde totdat eindelijk de eerste zonnestralen doorbraken. Hij sprong het bed uit en rende meteen naar de kuil. 'Daniël?' huilde hij. 'Heeft jouw God je gered?'

'JA!' schreeuwde Daniël. 'God stuurde een engel om de bekken van de leeuwen dicht te houden!'

En daar, met zijn hoofd in de schoot van Daniël, lag de grootste leeuw te spinnen als een klein poesje.

De koning trok Daniël uit de kuil. 'Kijk!' zei hij, 'Daniël heeft zelfs geen schrammetje!'

De koning maakte een nieuwe wet: 'Daniëls God is de echte God. De God die redt! Bid voortaan tot hem!'

God wilde doorgaan met het redden van mensen. En de tijd zou komen dat God een andere dappere Held zou sturen, iemand als Daniël, die van God zou houden en zou doen wat hij vroeg – wat het hem ook zou kosten, zelfs als hij moest sterven.

En samen zouden het Grootste Reddingsplan onthullen dat de wereld ooit gezien heeft.

Gods boodschapper

Jona en de grote vis, uit Jona 1-4; Hebreeën 1: 1-2

GOD HAD EEN TAAK voor Jona. Maar Jona wilde die niet doen.

'Ga naar Ninevé,' zei God, 'en vertel je ergste vijanden dat ik van hen houd.'

'NEE!' zei Jona. 'Dit zijn slechte mensen die slechte dingen doen!'

'Klopt,' zei God. 'Ze zijn ver van mij vandaan gerend. Maar mijn liefde voor hen gaat niet over. Ik wil hun een nieuwe start geven. Ik wil hen vergeven.'

'NEE!' zei Jona. 'Ze verdienen dat niet!'

Ik ga er vandoor!, zei Jona tegen zichzelf. *Ver weg – zo ver dat God mij niet kan vinden. Dan hoef ik niet te doen wat God vraagt! Wat een goed plan!*, dacht hij; het leek hem echt een prima idee.

Maar natuurlijk was dit helemaal geen goed plan. Het was een dom plan. Want je kunt best van God vandaan rennen, maar hij zal altijd komen en je vinden.

Jona ging op pad met zijn niet-zo-goede-plan. 'Een enkeltje NIET naar Ninevé, alstublieft,' zei hij en hij stapte aan boord van een boot die in de tegenovergestelde richting van Ninevé zeilde.

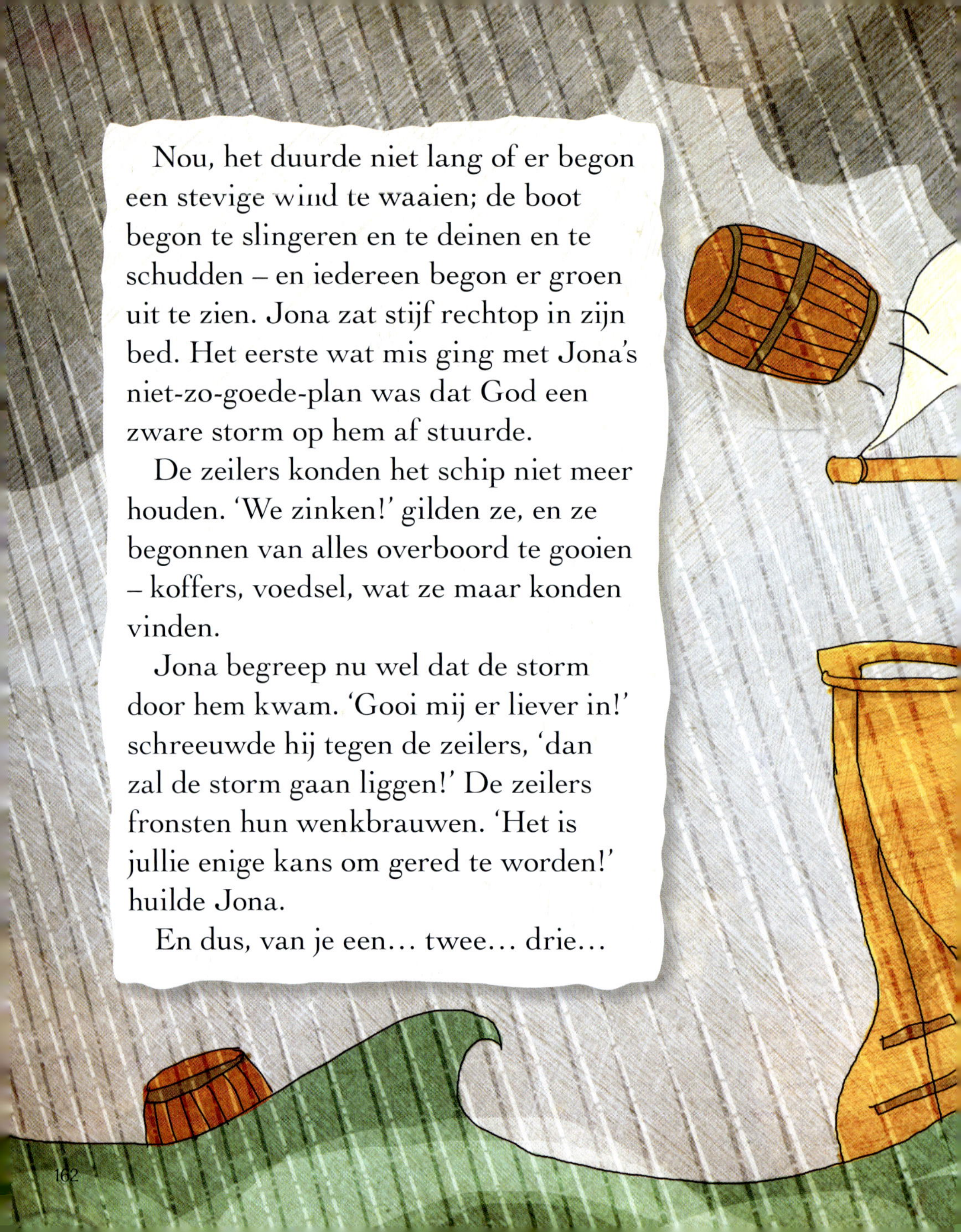

Nou, het duurde niet lang of er begon een stevige wind te waaien; de boot begon te slingeren en te deinen en te schudden – en iedereen begon er groen uit te zien. Jona zat stijf rechtop in zijn bed. Het eerste wat mis ging met Jona's niet-zo-goede-plan was dat God een zware storm op hem af stuurde.

De zeilers konden het schip niet meer houden. 'We zinken!' gilden ze, en ze begonnen van alles overboord te gooien – koffers, voedsel, wat ze maar konden vinden.

Jona begreep nu wel dat de storm door hem kwam. 'Gooi mij er liever in!' schreeuwde hij tegen de zeilers, 'dan zal de storm gaan liggen!' De zeilers fronsten hun wenkbrauwen. 'Het is jullie enige kans om gered te worden!' huilde Jona.

En dus, van je een… twee… drie…

PLONS!

Zodra Jona het water raakte, werden de golven kalm, ging de wind liggen en stopte de storm.

En toen, juist toen Jona dacht dat het allemaal voorbij was; toen hij zeker wist dat hij zou verdrinken, stuurde God een grote vis om hem te redden. De vis verslond Jona helemaal – met een grote slok.

Jona moet wel gedacht hebben dat hij doodgegaan was, het was zo donker daarbinnen, net een graf. Maar toen rook hij rottend eten en voelde hij het slijmerige zeewier, en hij wist dat hij niet dood was. Hij zat in de buik van de vis!

Zo zat hij daar in het donker, drie dagen lang. Jona had tijd zat om na te denken. Als snel kreeg hij door dat zijn plan eigenlijk… nou ja, toch wel een behoorlijk slecht plan was. Hij had er spijt van dat hij weggevlucht was. Hij bad tot God vanuit de grote vis en vroeg God hem te vergeven.

Na drie dagen spuugde de vis Jona heelhuids op een zandstrand.

Juist toen hoorde hij iemand zijn naam roepen. 'Ga naar Ninevé,' zei God.

En wat zei Jona nu? Jona zei: **'JA!'** Hij ging meteen door naar Ninevé en vertelde iedereen Gods wonderlijke boodschap.

Zelfs als jullie ver van God wegrennen, zal hij niet stoppen met van jullie te houden,' vertelde Jona hun. 'Ren naar hem toe! Dan kan hij jullie vergeven!'

De mensen van Ninevé luisterden naar Jona, en zij gingen van God houden. Ze leerden te doen wat God vroeg en stopten met wegrennen – net als Jona.

Vele jaren later zou God een andere Boodschapper sturen met dezelfde wonderlijke boodschap. Net als Jona zou hij drie dagen doorbrengen in het pikkedonker.

Maar deze Boodschapper zou Gods eigen Zoon zijn. Hij zou 'Het Woord' heten, omdat hijzelf Gods Boodschap zou zijn. Gods Boodschap, vertaald in onze eigen taal. Alles wat God tegen de wereld wilde zeggen – in één Persoon.

Maak je klaar!

Gods volk keert terug uit de slavernij,
uit Nehemia 8-10, Maleachi 1, 3 en 4, Ezra 4

BEN JIJ WELEENS naar een feestje geweest van een hele week? Of wat dacht je van een preek die de hele dag duurde?

Wel, dit is wat er gebeurde met Gods mensen toen ze terugkwamen uit de slavernij. Ze waren vergeten hoe God wilde dat ze leefden, of wie ze eigenlijk waren. Daarom lazen Ezra en Nehemia hun de regels voor die God aan Mozes had gegeven.

Maar er gebeurde iets geks; hoe langer de preek duurde, hoe verdrietiger ze werden. Waarom? Was de preek zo saai? Nee, niet echt. Weet je, het was heel vreemd. Toen Ezra hun de regels uit het boek voorlas, werkte dat als een spiegel. Het liet hun zien wie ze eigenlijk waren, en ze vonden het niet

leuk wat ze zagen. Ze zagen dat ze niet geleefd hadden zoals het moest. Ze zagen dat ze gemeen waren en egoïstisch.

'We hebben het verknald,' huilden ze. 'Nu zal God ons straffen!'

Ze hadden wel een idee van wat God zou gaan doen. Maar ze hadden het mis. Natuurlijk hadden ze al iets kunnen weten door Ezra's naam, die 'er is hulp' betekent. En nog meer door Nehemia's naam, want die betekent: 'God veegt onze tranen weg'. Want dat, zo zul je zien, was precies wat God ging doen.

Ezra keek naar Gods kinderen. Grote, hete tranen welden op in hun ogen en stroomden langs hun wangen. Hij stopte met preken – midden in een zin – en sloot het boek. 'We gaan een feestje vieren!' riep hij.

En dat is precies wat ze deden! Een week lang."

God wil dat we gelukkig zijn!' zei Ezra.

Iedere dag luisterden ze naar verhalen over de wonderlijke dingen die God had gedaan voor zijn volk. Hoe hij de wereld maakte. Dat hij een bijzondere belofte gaf aan Abraham. Hoe hij hen redde uit de slavernij. Hoe hij sprak tot Mozes en hun liet zien hoe je moet leven. Dat hij hen naar een speciaal land bracht. Hoe hij hen redde – maakt niet uit waarvan, keer op keer, telkens opnieuw – omdat hij van hen hield met een Niet te

Stoppen, Niet te Stuiten, Niet Stuk te Krijgen, Eeuwige Liefde.

Ze herinnerden zich hoe God altijd, alle jaren door, zijn kinderen liefhad – hij hield zijn belofte aan Abraham, zorgde voor hen, vergaf hen. Zelfs wanneer ze ongehoorzaam waren. Zelfs als ze van hem wegrenden. Zelfs toen ze dachten dat ze hem niet nodig hadden.

Toen vertelde God zijn kinderen nóg iets…

Mijn liefde voor jullie houdt nooit op.
Jullie zijn de schat in mijn hart.
Maar ik verloor jullie.
Nu kom ik voor jullie terug.

Ik ben als de zon die jullie verwarmt,
de duisternis wegjaagt, de angst en de dood.
Jullie zullen zo gelukkig zijn –
Jullie zullen als kalfjes vrij rondrennen
in het open veld.

Ik ga mijn Boodschapper sturen – De Beloofde
Die Ene waarop jullie hebben gewacht.
De Redder.
Hij komt eraan. Dus maak je klaar!

Het had eeuwen geduurd voor Gods volk er klaar voor was, maar nu was het bijna zover: het beste deel van Gods Plan zou komen.

God zelf kwam eraan. Niet om zijn mensen te straffen – maar om hen te redden.

God maakte zich klaar om alle tranen van ieders ogen weg te wissen.

Het echte feest ging bijna beginnen…

Hij is hier!

De Geboorte, uit Lucas 1-2

ALLES WAS KLAAR. Eindelijk was het moment gekomen waarop God had gewacht! God kwam eraan om zijn mensen te helpen, zoals hij beloofd had in het begin.

Maar hoe zou hij komen? Wat voor iemand zal hij zijn? Wat zou hij gaan doen?

Bergen zouden zich buigen. Zeeën zouden bulderen. Bomen zouden in hun handen klappen. Maar de aarde hield haar adem in. Zo stil als vallende sneeuw, zo kwam hij. Toen niemand keek kwam hij, in de duisternis.

Er was een jong meisje dat verloofd was met een man die Jozef heette. (Jozef was het achter-achter-achterkleinkind van koning David.)

Op een morgen, toen Maria met haar eigen dingen bezig was, verscheen er plotseling een grote lichtstrijder – daar, bij haar in de slaapkamer. Het was Gabriël, een engel, een speciale boodschapper uit de hemel.

Toen ze deze grote stralende man zag staan, werd Maria erg bang.

'Je hoeft niet bang te zijn,' zei Gabriël. 'God is heel gelukkig met jou!'

Maria keek rond om te zien of hij het misschien tegen iemand anders had.

'Maria,' zei Gabriël, en hij lachte zo blij dat Maria tranen in haar ogen kreeg.

'Maria, jij zal een baby krijgen. Je zult hem Jezus noemen. Hij is Gods eigen Zoon. Hij is die Ene! Hij is de Redder!'

De God die de planeten in hun baan slingerde en hen rond en rond laat draaien, de God die het heelal maakte met maar één woord, hij die alles kon – maakte zichzelf klein. En kwam hier… als een baby.

Wacht. God stuurde een baby om de wereld te redden?

'Maar het is te wonderlijk!' zei Maria, en ze voelde haar hart sneller kloppen. 'Hoe kan dat waar zijn?'

'Is er voor God iets te wonderlijk?' vroeg Gabriël.

Dus had Maria meer vertrouwen in wat God zei, dan wat haar ogen haar vertelden. En zij geloofde. 'Ik ben Gods dienares,' zei ze. 'Wat God ook vraagt, ik zal het doen.'

En het ging precies zoals de engel had gezegd. Negen maanden later was het zover: Maria ging haar baby krijgen.

Maria en Jozef waren op reis naar Betlehem, de stad waar koning David vandaan kwam. Maar toen ze bij het kleine stadje aangekomen waren, ontdekten ze dat alle kamers al vol waren. Elk bed was bezet.

‘Ga weg!’ zeiden de hotelbazen tegen hen. ‘Er is geen plaats voor jullie.’

Waar moesten ze slapen? Al snel zou Maria’s baby komen.

Ze konden niets anders vinden dan een oude, ingezakte stal. En dus sliepen ze die nacht bij de koeien, de ezels en de paarden.

En daar in die stal, tussen de kippen, de ezels en de koeien, in de stille nacht, gaf God de wereld zijn wonderlijke geschenk. De baby die de wereld zou veranderen was geboren. Zijn Babyzoon.

Maria en Jozef wikkelden hem in doeken om hem warm te houden. Ze maakten een zacht bed van stro en gebruikten de voederbak van de dieren als zijn wiegje. En ze staarden vol verbazing naar Gods Grote Geschenk, gewikkeld in doeken, en liggend in een kribje.

Maria en Jozef noemden hem Jezus, 'Immanuël' – wat betekent: 'God is gekomen om bij ons te wonen.'

Omdat hij dat gedaan had natuurlijk.

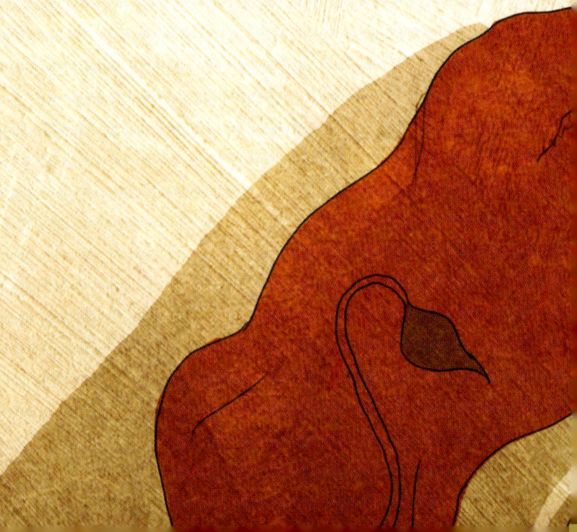

Het Licht van de hele wereld

Het verhaal van de herders, uit Lucas 2

IN DIEZELFDE NACHT verscheen, midden tussen de andere sterren, een stralende nieuwe ster. Van al de sterren in het donkere heelal scheen deze het helderst. Ze schitterde in de nacht en maakte dat de andere sterren er maar bleekjes bijstonden.

God plaatste deze toen zijn Babyzoon geboren was – als een soort schijnwerper die op hem gericht staat. Die het donker verlicht. Die de mensen de weg wijst naar hem.

Weet je, God was net als een nieuwe vader – hij kon het goede nieuws niet voor zich houden. Hij had al die lange jaren op dit moment gewacht, en nu wilde hij het iedereen vertellen.

Daarom maakte hij er heel veel werk van! Hij stuurde een engel om Maria het goede nieuws te vertellen. Hij plaatste een bijzondere ster in de lucht om te laten zien waar zijn jongen was. En nu ging hij een groot engelenkoor sturen om zijn gelukslied voor de wereld te zingen: *Hij is hier! Hij is gekomen! Ga hem zien. Mijn kleine Jongen.*

Nou, waar zou jij een geweldig koor naar toesturen? Naar een prachtige concertzaal misschien? Of naar een paleis? God stuurde die van hem naar een kleine heuvel, bij een klein stadje, midden in de nacht. Hij stuurde al zijn engelen om te zingen voor een stelletje oude haveloze herders die bij Betlehem op hun schapen pasten.

Weet je dat de mensen in die tijd lacherig deden over herders? Ze zeiden dat ze stonken en ook andere nare dingen (die ik hier maar niet zal zeggen). Weet je, de mensen vonden dat herders niet meetelden, smerige ouwe sloebers die ze waren.

Maar God moet herders juist erg belangrijk hebben gevonden, want hij koos hen uit om als eerste het goede nieuws te horen.

Die nacht waren er wat herders in het open veld die zich warmden bij het vuur. Plotseling stoven de schapen opzij; ze waren ergens van geschrokken. De olijfbomen ritselden. Wat was dat… Gefladder van vleugels?

Ze draaiden zich om. Voor hen stond een enorme lichtstrijder, vlammend in de duisternis. 'Wees niet bang voor mij!' zei de grote stralende man. 'Ik ben niet gekomen om jullie kwaad te doen. Ik ben gekomen om jullie geweldig nieuws te brengen, voor iedereen. Vandaag is in de stad van David, Betlehem, Gods Zoon geboren! Jullie kunnen naar hem toe en hem zien. Hij slaapt in een kribbe.'

Achter de engel zagen ze een enorme, gloeiende wolk – alleen was het geen wolk, het waren engelen... legers en legers van engelen, gewapend met licht! En ze zongen een prachtig lied: 'Glorie aan God! Aan God is de Lof en de Eer en al onze Hoera's!'

Toen verdwenen de engelen, net zo snel als ze gekomen waren.

De engelen stampten hun vuur uit, lieten hun schapen achter, renden het grasland van de heuvel af, door de poorten van Betlehem, sloegen de smalle klinkerstraatjes in, staken een binnenplaats over, stap stap stap een trap af, langs een herberg, een hoek om, onder een hek door, tot ze eindelijk aankwamen bij...

een ingezakte stal.

Ze hielden hun adem in. Toen liepen ze, heel stil, op hun tenen naar binnen.

Ze knielden op de vieze vloer. Ze hadden gehoord van dit Beloofde Kind en nu was hij er. De Zoon van de Hemel. De Maker van de Sterren. Een baby, slapend in de armen van zijn moeder.

Deze baby zou zijn als de stralende hemelster die scheen in de nacht. Een Licht dat de hele wereld zou verlichten. Dat de duisternis zou wegjagen. De mensen weer ziende zou maken.

En hoe donkerder de nacht werd, hoe stralender het licht zou schijnen.

De Koning van alle koningen

Het verhaal van de drie Wijzen, uit Matteüs 2

VER WEG, in het Oosten, zagen drie slimme mannen dezelfde ster. De ster die God in de hemel had geplaatst toen Jezus geboren was.

Ze hadden op deze ster gewacht. Ze wisten dat ze zou komen.

'Hij is er!' schreeuwden ze. 'Hij is er!' (En ik weet zeker dat als jij erbij was geweest, je hen zou hebben horen lachen en dansen en zingen tot de zon opkwam!)

Vroeg in de ochtend laadden ze hun kamelen en pakten ze cadeaus in voor de baby. Ze namen hun allerduurste schatten mee: wierook, goud en mirre. Bijzondere, schitterende, heerlijk ruikende, fonkelende dingen – dat hoorde bij een koning.

De drie Wijzen (hoewel, als je ze hen tegen was gekomen zou je eerder denken dat ze koningen waren; ze zagen er zo rijk en slim en belangrijk uit) gingen op pad.

Ze reden op hun kamelen…

Door eindeloze woestijnen…

Over steile, steile bergen…

Omlaag naar diepe, diepe dalen…

Door kolkende rivieren…

Over grazige vlaktes…

dag na dag en nacht na nacht – uren werden dagen, dagen werden weken, weken werden maanden en maanden, tot ze eindelijk aankwamen bij…

Jeruzalem.

Jeruzalem was de allerbelangrijkste stad in heel de omgeving. Iedereen weet dat dit een plek is waar paleizen staan en waar koningen worden geboren. Maar er stond hun een verrassing te wachten.

Ze wilden koning Herodus zien. Hij zou vast wel weten waar deze baby was.

Nou, dat wist hij niet. Sterker nog, hij vond het niet leuk om te horen van een nieuwe koning – het maakte hem woedend. Hij wilde niet dat iemand anders dan hij koning was.

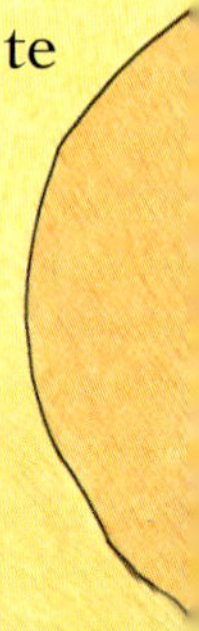

Maar Herodus' raadgevers vertelden de Wijzen wat er in hun boeken stond geschreven en wat God had gezegd over de babykoning: 'Ga naar Betlehem. Dat is de plek waar je hem kunt vinden.'

Plotseling begon de ster die ze in het Oosten hadden gezien te bewegen, en wees hun de weg. De drie Wijzen volgden de ster, uit de stad, over de weg, naar het kleine stadje Betlehem. Ze volgden de ster door de straten van Betlehem; door het leuke deel

van de stad, door het minder leuke deel van de stad, door het echt-helemaal-niet-leuke deel van de stad, over een vies smal karrenspoor, tot ze stil bleef staan pal boven… een klein huisje.

Wacht even. Dit was geen paleis. En er waren geen lijfwachten. Of lakeien. Of vlaggen. Of rode lopers. Of trompetten. Of wat dan ook. Zaten ze verkeerd? Of was dit Gods bedoeling?

Zeker is dat ze hem vonden, in dat kleine huisje. Daar, op de schoot van zijn moeder, zagen ze hem. De Babykoning.

De drie mannen knielden voor de kleine Koning. Ze namen hun dure koninklijke tulbanden en hun glimmende gouden kronen af. Ze bogen hun edele hoofden naar de grond en gaven hem hun schitterende geschenken.

De reis die eeuwen geleden begonnen was, bracht drie Wijze Mannen hier. In een klein stadje. Naar een klein huisje. Naar een klein kind.

Naar de Koning die God eeuwen geleden aan David had beloofd.

Maar dit kind was een nieuw soort koning. Hoewel hij de Hemelse Prins was, werd hij arm. Hoewel hij de Machtige God was, werd hij een hulpeloze baby. Deze Koning kwam niet om de baas te zijn. Hij kwam als een knecht.

De hemel breekt open

Het verhaal van Johannes de Doper, uit Matteüs 3, Lucas 1, 3; Johannes 1

ROND DEZELFDE TIJD dat Jezus geboren werd, werd ook een andere baby geboren. Hij heette Johannes, en God had een bijzondere taak voor hem. Johannes zou iedereen vertellen dat Jezus eraan kwam.

Op de dag van Johannes' geboorte, wist zijn vader dat God zijn belofte aan Abraham ging vervullen – God stuurde de Redder. En hij was zo gelukkig dat hij een lied zong:

Omdat God van ons houdt met een Niet te Stoppen,
Niet te Stuiten, Niet Stuk te Krijgen,
Eeuwige Liefde –
zal de hemel openbreken!
Hij stuurt ons een Licht uit de Hemel
om op ons te schijnen zoals de zon
om te schijnen op hen die leven in het donker
en in de schaduw van de dood.
Om onze voeten te brengen op het pad van de vrede.

En zo groeide Johannes op en – nou, om je de waarheid te zeggen was hij nogal vreemd. Hij woonde in de woestijn. Hij droeg vieze lompen gemaakt van kamelenhaar. Hij had een grote, grote, woeste baard en lang, lang sprieterig haar. En het raarste van alles – hij at alleen sprinkhanen (een ander woord voor grote, kriebelige, knapperige krekels), die hij dipte in de honing (om de smaak te verbergen, denk je niet?).

Maar God stuurde Johannes om zijn volk iets belangrijks te vertellen: 'Stop met van God wegrennen; ren juist naar hem toe!' zei Johannes. 'Jullie moeten gered worden. Ik heb goed nieuws – de Redder komt eraan! Maak je hart klaar voor hem. Ja! Maak je klaar, want jullie Koning komt naar jullie terug.'

Grote groepen mensen luisterden naar Johannes. Ze hadden spijt van hun zonden en wilden niet langer wegrennen van God. Ze wilden gered worden. Daarom doopte Johannes hen – wat wil zeggen dat hij hen onderdompelde in het water. Hiermee lieten ze zien dat ze God wilden volgen en een nieuw leven wilden beginnen.

Op een dag, toen Johannes weer bezig was met het dopen van mensen in de rivier de Jordaan, keek hij op en zag een man de oever aflopen.

God zei zachtjes tegen Johannes: 'Dit is Hem!'

Johannes' hart stroomde vol. Hiernaar had hij zijn leven lang uitgekeken.

'Kijk,' zei Johannes toen Jezus het water inliep. Maar wat hij zei klonk als gefluister. Hij kon niet harder praten. De

woorden kwamen bijna niet over zijn lippen. 'Het Lam van God… Gods beste lam… die de zonden van de hele wereld wegneemt.'

'Wil je mij ook dopen?' vroeg Jezus.

'Wie ben ik,' vroeg Johannes, ' dat ik u mag dopen?'

'God wil dat ik dat doe,' zei Jezus.

En dus doopte Johannes Jezus.

Opeens leek het alsof iemand de gordijnen van een donkere kamer opentrok, want een prachtig licht schoot door de wolken en scheen recht op Jezus – hij baadde in goud. Glanzende druppels fonkelden en schitterden als kleine diamanten in zijn haar.

Een witte duif vloog neer en landde zacht op Jezus.

En een stem klonk vanuit de hemel. Ze was helder en machtig en duidelijk zodat iedereen het kon horen. 'Dit is mijn eigen Zoon. En ik hou van hem. Ik ben heel blij met hem,' zei God. 'Luister naar hem.'

De hemel was opengebroken.

De Grote Redding was begonnen…

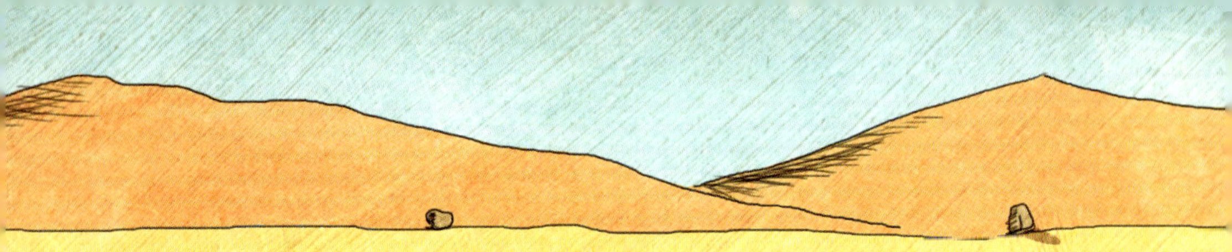

Kom, we gaan!

Jezus wordt verzocht in de woestijn en kiest zijn helpers uit,
uit Matteüs 4, Marcus 1, Lucas 4-6

TOEN JEZUS GEDOOPT WAS, trok hij meteen de woestijn in. (Dat lijkt een gekke plek om naar toe te gaan; zoals je weet zijn woestijnen heel heet, er is geen eten of water, of een plek om te rusten.) Maar Jezus had tijd voor zichzelf nodig, en hij wilde ergens zijn waar het stil en eenzaam was. Hij moest bij zijn hemelse Vader zijn om zich voor te bereiden op zijn nieuwe leven.

In de woestijn dacht Jezus na over het Geheime Reddingsplan dat hij met God had gemaakt. Al voordat de wereld gemaakt werd, wisten ze allebei wat er moest gebeuren. Om Gods kinderen te redden, moest Jezus sterven. Er was geen andere weg. Daarom was hij gekomen.

Nu, die oude vijand (hij die gesproken had door de slang tegen Adam en Eva, weet je dat nog, van de tuin?), hij wilde niet dat Jezus Gods kinderen ging redden. Daarom loog hij tegen Jezus. 'Ben je werkelijk Gods eigen Zoon?' fluisterde hij. 'Arme jij. God

zal vast niet van je houden. Je hoeft toch niet te sterven? Doe het op mijn manier. Ja, en – '

'Nee,' zei Jezus tegen de leugenaar. 'Ik zal doen wat God vraagt.'

En vanaf dat moment zou niets meer hetzelfde zijn.

Jezus was niet zoals Adam. Jezus was een nieuw soort mens. Hij zou de verschrikkelijke leugen niet geloven die de vijand vertelde. Jezus wist dat God van hem hield. En hij zou op God vertrouwen. Wat er ook gebeurde.

Het was precies wat God jaren geleden had beloofd aan Adam en Eva. Jezus kwam om te vechten tegen de wereld van de slang. Hij zou de mensen bevrijden van de zonden en de duisternis en de tranen. En hij zou lijden – maar ook overwinnen.

Jezus verliet de woestijn en begon aan de Grote Redding. Hij ging Gods volk terughalen.

Maar eerst had hij helpers en vrienden nodig. Hij had een hoop te doen. Hij had een paar mensen nodig om hem te helpen.

Wie zouden er geschikt zijn, denk je? Slimme mensen? Rijke? Sterke, belangrijke? Er zijn vast mensen dat denken, maar ik weet zeker dat ik jou niet meer hoef te vertellen dat ze het mis hebben. De mensen die God gebruikt hoeven niet veel te weten, of veel te hebben – het enige is: ze moeten hem heel erg nodig hebben.

Op een dag wandelde Jezus bij het Meer van Galilea. Toen zag hij een paar broers en vrienden die hun netten repareerden. Het waren arme vissers.

Jezus riep hen: 'Kom, ga mee!'

Petrus, Andreas, Jacobus en Johannes keken op naar de man aan de oever. En wat er gebeurde begrepen ze niet. Hun boten moesten weggebracht worden, hun netten gerepareerd - de vissen kronkelden nog op de oever. Maar iets aan deze vreemdeling maakte dat ze hun netten en hun vissen neerlegden en hun boten achterlieten – ja alles – om hem te volgen.

Deze man van God was met niemand te vergelijken. Nooit eerder hadden ze zo iemand ontmoet. Toen ze naar Jezus keken, kwam er een wonderlijk, eeuwig soort geluk in hun hart. Vanbinnen voelde het net alsof ze vrij rondrenden in een open veld.

Jezus vroeg 12 mannen om zijn helpers te worden: Petrus, Andreas, Jacobus, en Johannes, Matteüs, Filippus, Bartolomeüs, Thomas, nog een Jacobus, Simon, Taddeüs, en Judas.

De ontmoeting met Jezus zou hen allemaal veranderen.

Een klein meisje en een zieke, zwakke dame

Het verhaal van Jaïrus' dochter, uit Lucas 8

ER WAS EENS een klein meisje dat 's ochtends niet uit haar bed kwam. En de volgende dag niet, en die daarna ook niet. Sterker nog, ze kwam een maand lang haar bed niet uit. Ze was erg ziek en niemand wist hoe ze beter kon worden.

Jaïrus was haar vader en hield van haar. Op een dag, toen hij bij haar bed zat en haar hand vasthield, wenste hij zó dat er iets was dat hij kon – 'Ik weet het!' Hij sprong overeind, trok zijn mantel aan, kuste zijn dochter, rende de trap stap stap stap af langs de knechten, het huis uit… door de poort, over de weg, de stad in, de trap stap stap stap op, en de tempel in.

Hij drong zich tussen alle mensen door totdat hij eindelijk degene vond die hij zocht.

'Jezus,' zei hij, en viel neer voor zijn voeten. 'Mijn dochter,' smeekte hij, 'alstublieft...'

Maar hij hoefde niet verder te vragen, want nog voor hij klaar was stak Jezus zijn hand uit en hielp hem overeind. 'Ik kom meteen,' zei Jezus.

Jaïrus' ogen vulden zich met tranen. Jezus kwam eraan. Het zou allemaal goed komen.

In die tijd hadden ze natuurlijk geen ambulances en ze moesten dus lopend. Jezus' helpers wisten dat hij het zieke meisje zou genezen – maar ze moesten snel zijn. Als Jezus niet zou opschieten, kon het weleens te laat zijn.

Maar iedereen stond in de weg. Dringend en duwend, stompend en trekkend. De discipelen renden voorop, duwden de mensen opzij.

Opeens stopte Jezus. Zijn vrienden keken achterom. Wat deed hij?

'Wie raakte mij aan?' vroeg Jezus, want hij voelde kracht uit zich gaan.

'Ik,' zei een breekbare dame. Ze boog haar hoofd, ze schaamde zich. Deze arme vrouw was al twaalf jaar ziek en ze moest genezen. Ze wist dat als ze alleen maar Jezus' jas zou gaan raken, dit zou gebeuren. Dus raakte ze zijn mantel en meteen was ze genezen.

'We hebben geen tijd!' zeiden Jezus' vrienden.

Maar Jezus had alle tijd. Hij strekte zijn hand uit en tilde voorzichtig haar kin op. Hij keek haar in de ogen en glimlachte. 'U gelooft,' zei hij, terwijl hij een traan uit haar ogen veegde, 'en nu bent u genezen.'

Op dat moment kwam Jaïrus' knecht op Jaïrus afgerend. 'Het is te laat,' zei hij, buiten adem. 'Uw dochter is dood.'

Jezus draaide zich naar Jaïrus. 'Het is niet te laat,' zei Jezus, 'vertrouw op mij.'

Bij Jaïrus' huis stond iedereen te huilen. Maar Jezus zei: 'Ik ga haar wakker maken.' Iedereen lachte hem uit omdat ze wisten dat ze gestorven was.

Jezus liep de slaapkamer van het kleine meisje binnen. Daar, liggend in de hoek, in de schaduw, lag een klein, stil figuurtje. Jezus ging op het bed zitten en pakte haar bleke hand.

'Liefje,' zei hij, 'tijd om wakker te worden.' En hij reikte omlaag in de dood en bracht het kleine meisje voorzichtig terug naar het leven.

Het kleine meisje werd wakker, wreef in haar ogen alsof ze lang en heerlijk had geslapen, en sprong het bed uit.

Jezus opende de luiken en het zonlicht stroomde de donkere kamer binnen. 'Honger?' vroeg Jezus. Ze knikte.

Jezus riep haar familie: 'Breng dit kleine meisje een ontbijt!'

Jezus hielp en genas zo een heleboel mensen. Hij maakte dat blinde mensen gingen zien. Hij maakte dat doven gingen horen. Hij liet verlamde mensen weer lopen.

Jezus maakte dat het verdrietige verdween.

Hij was Gods kapotte wereld aan het repareren.

Hoe je moet bidden

Jezus leert mensen over het gebed;
een vrije weergave van het Onze Vader, uit Matteüs 6

IN DIE TIJD waren er een paar Mega-Super-Heilige Mensen (tenminste, dat vonden zij zelf), die 'Farizeeën' werden genoemd. Elke dag gingen ze in het midden van de straat hardop staan bidden met een Mega-Super-Heilige stem. Maar het was meer show dan echt bidden. Ze gebruikten een heleboel moeilijke woorden die zo knap waren dat niemand begreep wat ze nou zeiden.

Mensen die langsliepen stopten om naar hen te staren. Dit lijkt brutaal maar dat is het niet, want de Mega-Super-Heilige Mensen wilden dit juist graag. Ze wilden dat iedereen zei: 'Kijk hen eens. Zij zijn zo heilig. God zal van deze mensen wel het meest houden.'

Nou, jij en ik weten allebei dat ze het mis hadden – God houdt niet alleen maar van heilige mensen. Maar de mensen die langsliepen wisten het niet zo goed. Misschien hield God echt alleen van je als je slim was, of goed, of belangrijk? Misschien moest je een heleboel moeilijke, knappe woorden weten om met God te praten.

Daarom leerde Jezus op een dag de mensen hoe ze moesten bidden. Hij zei: 'Als je bidt, bid dan niet zoals deze Mega-Super-Heilige Mensen. Zij denken dat als ze maar veel woorden gebruiken, God hen wel zal horen. Maar God luistert niet naar je omdat je zo slim, of goed, of belangrijk bent. God luistert naar je omdat hij van je houdt.'

'Wist je dat God altijd naar jullie luistert? Wist je dat God het zachtste gefluister kan horen diep in je hart, nog voor je het hebt uitgesproken? Dat is omdat God precies weet wat je nodig hebt, nog voor je het hem vraagt,' vertelde Jezus.

Weet je, God kan niet wachten om je alles te geven wat je nodig hebt. Je hoeft dus geen lange of bijzondere woorden te gebruiken. Je hoeft alleen maar te praten.

'Dus als je bidt, bid dan met je gewone stem, net als wanneer je praat met iemand van wie je heel veel houdt.'

Zo...

Hallo Pappa!
We willen u kennen
en dicht bij u zijn.
Laat ons alstublieft zien hoe dat kan.
Maak alles in de wereld weer goed
en ook in onze harten.
Doe wat het beste is – wat u doet in de hemel,
doe dat hier alstublieft ook.
Geef ons alstublieft alles wat we vandaag nodig hebben.
Vergeef ons dat we verkeerd deden, dat we u verdriet deden.
Vergeef ons, zoals ook wij andere mensen vergeven
die ons verdriet hebben gedaan.
Red ons! We hebben u nodig.
We willen niet weg blijven rennen
en ons voor u verstoppen.
Bescherm ons tegen onze vijanden.
U bent machtig, God.
U kunt doen wat u wilt.
U bent de baas.
Nu en altijd en eeuwig!
We vinden u geweldig!
Amen!
Ja, dat vinden we echt!

Weet je, Jezus liet de mensen zien dat God altijd van hen zou houden – met een Niet te Stoppen, Niet te Stuiten, Niet Stuk te Krijgen, Eeuwige Liefde.

En dus hoefden ze zich niet meer te verstoppen, of bang te zijn, of zich te schamen. Ze hoefden voor God niet meer weg te rennen. In plaats daarvan konden ze naar hem toe rennen.

Zoals een klein kind in haar vaders armen rent.

De Zanger

De Bergrede, uit Matteüs 6 en 9, Lucas 12

WAAR JEZUS OOK NAAR TOE GING, veel mensen volgden hem. Ze vonden het fijn dicht bij hem te zijn. Oude mensen. Jonge mensen. Allerlei mensen kwamen naar Jezus kijken. Zieke mensen. Gezonde mensen. Verdrietige mensen. En bezorgde mensen. Vooral die. Ze maakten zich zorgen over van alles.

Wat als we niet genoeg eten hebben? Of kleren? Of stel je voor dat we te weinig geld hebben? Wat als er niet genoeg is? En alles misloopt? En als het niet goed met ons gaat? Wat dan?

Toen Jezus al de mensen zag, vulde zijn hart zich met liefde voor hen. Ze waren net een kleine kudde schapen die geen herder had om voor hen te zorgen. Daarom ging Jezus bij hen op de grond zitten en praatte met hen.

De mensen zaten stil op het gras van de berghelling en luisterden. Vanaf hier konden ze goed het blauwe meer beneden hen zien glinsteren en de vissersbootjes die terugkwamen van een nachtelijke visvangst.
De lentelucht was fris en helder.

'Zien jullie die vogels daar?', vroeg Jezus.

Iedereen keek. Kleine musjes pikten zaden tussen de stenen op het pad.

'Hoe komen zij aan hun eten? Hebben ze soms propvolle voorraadschuren? Kelders vol met voedsel?'

Iedereen lachte – wie heeft ooit een vogel gezien met een zak vol boodschappen?

'Nee,' zei Jezus, 'ze hoeven zich geen zorgen te maken. God weet toch wat ze nodig hebben; hij geeft ze te eten.'

‘En wat denken jullie van deze wilde bloemen?’

Iedereen keek. Overal om hen heen groeiden bloemen. Anemonen, madeliefjes, sneeuwwitte lelies.

‘Hoe komen ze aan hun prachtige kleren? Maken ze die zelf? Of werken ze elke dag om ze te kunnen kopen? Hebben ze kasten vol kleding?’

Iedereen lachte weer – wie had ooit een bloem gezien die een jurk aantrok?

‘Nee,’ zei Jezus, ‘ze hoeven zich hier geen zorgen over te maken. God kleedt hen, in Koninklijke, prachtige gewaden! Zelfs een koning is niet zo mooi aangekleed!’

Ze hadden nog nooit een koning gezien, maar toen ze keken naar het meer, dat onder hen glinsterde en flonkerde; naar de heuvelruggen, die gekleed waren in rood, paars en goud, voelden ze dat de zorgen uit hun hart werden weggenomen. Ze konden zich niets mooiers voorstellen dan dit.

'Kleine kudde,' zei Jezus, 'jullie zijn belangrijker dan vogels! Belangrijker dan bloemen! Vogels en bloemen gaan niet zitten piekeren. En zo wil God dat ook jullie je niet druk maken over dingen. God houdt ervan om te zorgen voor de vogels en de bloemen. Hij zorgt ook graag voor jullie.'

Jezus wist dat God altijd van de wereld die hij gemaakt had zou houden en ervoor zou zorgen. Alles wat erop leeft – vogels, bloemen, bomen, dieren, alles! En het meest van zijn kinderen.

Zelfs al waren de mensen het vergeten – de vogels en de bloemen wisten het nog wél; ze kenden nog steeds hun lied. Het was het lied dat al Gods schepselen voor hem hadden gezongen, helemaal in het begin. Het was het lied dat gezongen had moeten worden door de harten van de mensen: 'God maakte ons. Hij hield van ons. Hij is heel blij met ons.'

Daarom was Jezus in de wereld gekomen: om voor hen dat wonderlijke lied te zingen; niet alleen met zijn mond, maar met zijn hele leven – zodat Gods kinderen het zouden onthouden en meezingen.

De Kapitein van de storm

De storm op het meer, uit Marcus 4 en Matteüs 8

DE ZON GING ONDER. Buiten was het warm en stil. 'Laten we het meer oversteken,' zei Jezus tegen zijn vrienden.

Jezus had heel de dag mensen geholpen en nu was hij moe. Dus verlieten ze de mensen en het strand en staken van wal met een kleine vissersboot.

Jezus klom in de boot om een dutje te doen. Toen zijn hoofd het kussen raakte, viel hij meteen in een diepe slaap.

Het was een prachtige avond. Een zacht briesje deed de zeilen klapperen. Terwijl ze naar het midden van het meer voeren, zaten de vrienden lekker te kletsen. Alles was perfect. Hét moment voor een fijn, rustig zeiltochtje…

Ze waren nog maar halverwege toen plotselinge wervelwinden over het meer jaagden, woest en hard, als een orkaan! Een felle lichtflits verlichtte de hemel. De donder bulderde recht boven hen!

De storm blies het water op tot torenhoge golven die de kleine boot opjoegen, op, op, op – en toen weer omlaagsmakten, KRA-A-A-AK, omlaag, omlaag, omlaag!

De vissersboot werd heen en weer gesmakt, opgezweept, rondgedraaid en weggeslingerd – naar achteren en naar voren en omhoog en omlaag en links en rechts en rond en rond!

En middenin die storm lag Jezus te slapen.

Jezus' vrienden waren al heel hun leven vissers, maar zo'n storm hadden ze al die jaren op het meer nooit meegemaakt. Hoe ze ook hun best deden met hun touwen en hun zeilen, ze kregen de boot niet onder controle. Deze storm was sterker dan zij.

Maar de storm was niet te groot voor Jezus.

'HELP!' schreeuwden ze. 'Wakker worden! Snel, Jezus!'

Jezus opende zijn ogen.

'Help ons! Red ons!' gilden ze. 'Kan het u niks schelen soms?' (Natuurlijk kon het hem wat schelen; juist daarom was hij gekomen – om hen te helpen en te redden.)

Jezus stond op en praatte tegen de storm.

'Sst!' zei hij. Dat was alles.

En toen gebeurde er iets heel vreemds…

De wind en de golven herkenden Jezus' stem. (Ze hadden deze natuurlijk eerder gehoord – het was dezelfde stem die hen gemaakt had, helemaal in het begin.) Ze luisterden naar Jezus en deden wat hij zei.

Onmiddellijk stopte de wind. Het water werd kalm. Het glinsterde vriendelijk in het maanlicht en klotste rustig tegen de zijkant van de boot, alsof er niets was gebeurd.

De kleine boot dobberde zachtjes heen en weer. Er was overal een diepe rust en een grote stilte.

Toen draaide Jezus zich om naar zijn vrienden. Hun kleren hingen gescheurd en gerafeld om hen heen. 'Waarom waren jullie bang?' vroeg hij. 'Zijn jullie vergeten wie Ik Ben? Geloofden jullie meer in jullie angsten dan in mij?'

Jezus' vrienden zwegen. Ze waren zo stil en rustig als de wind en de golven. Maar in hun hart kwam een ander soort storm.

'Wat voor man is dit?' vroegen ze elkaar angstig, 'zelfs de wind en de golven gehoorzamen hem! Ze begrepen er niets van. Ze hadden nog niet door dat Jezus de Zoon van God was.

Jezus' vrienden waren zo bang geweest, ze hadden alleen naar de enorme golven gekeken. Ze waren vergeten dat wanneer Jezus bij je is, er niets is om bang voor te zijn.

Hoe klein de boot ook was – of hoe groot de storm.

Tsjokvol!

De spijziging van de 5.000, uit Matteüs 14, Marcus 6, Lucas 9

ER WAREN EENS 5.000 moeie en hongerige (en misschien heel knorrige) mensen. Ze zaten op een heuvelrug en wilden eten.

Ze waren die dag gekomen om Jezus te horen. Ze kwamen al voor het ontbijt, bleven heel de morgen, de hele middag en tot ver na etenstijd. Niemand was van plan geweest zo lang te blijven, het was gewoon zo gelopen. Ze luisterden naar Jezus alsof de tijd niet meer bestond. Mensen konden urenlang naar Jezus luisteren; vandaag was dat ook zo.

Ze hadden alleen niet genoeg eten meegenomen, en ze konden niet zomaar even ergens een hamburger met patat gaan halen. Waar zij zaten was natuurlijk geen snackbar of winkel. (En zulk eten was toen ook nog niet uitgevonden.) Wat moesten ze doen?

Jezus' vrienden hadden een idee. 'Laten we iedereen naar huis sturen om te eten.'

'Dat is niet nodig,' zei Jezus, 'jullie kunnen hun te eten geven.'

Vroeg Jezus hun helemaal naar de stad te lopen om voor iedereen eten te kopen? Jezus' vrienden raakten in paniek. 'Maar we hebben echt niet genoeg geld!'

'Hoeveel eten is er?' vroeg Jezus. 'Ga eens kijken.'

Nu stond er tussen al die mensen een kleine jongen. Hij had de lunch meegenomen die zijn moeder die ochtend had klaargemaakt. Hij keek naar zijn vijf broodjes en twee vissen. Het was niet veel – zeker niet genoeg voor 5.000 – maar het was alles wat hij had.

'Ik heb wel wat,' zei hij.

Jezus' vrienden lachten toen ze het kleine beetje zagen. 'Dat is echt niet genoeg!' zeiden ze.

Maar ze hadden het mis. Jezus wist dat het niet uitmaakte hoeveel het jongetje had. God zou het aanvullen, zodat het meer dan genoeg was.

Jezus zei: 'Geef me wat je hebt.' En dus gaf het jongetje Jezus zijn lunch. Jezus knipoogde naar het jongetje en fluisterde in zijn oor: 'Kijk goed!'

'Hoe wil Jezus ooit al die mensen voeden met dat kleine beetje?' zeiden Jezus' vrienden. Dat leek hun onmogelijk.

Maar Jezus kende de Ene die al de vissen in de oceanen had gemaakt. En Jezus kende die Ene die helemaal in het begin alles uit het niets geschapen had. Hoe moeilijk zou het voor Iemand als hij zijn om dit te doen?

Jezus nam de lunch van het jongetje, sloeg zijn ogen op naar de hemel, en bedankte zijn Vader. Toen gaf Jezus de kleine lunch terug aan zijn vrienden.

Weet je wat er gebeurde toen Jezus' vrienden het eten begonnen uit te delen? Iets heel vreemds: hoeveel ze ook van het brood scheurden – er kwam telkens meer. En meer. En meer. Genoeg voor 5.000! Iedereen at zoveel hij kon – een tweede portie, een derde, zelfs een vierde – totdat ze vol zaten. En nog was er over.

Jezus deed een heleboel van zulke wonderen. Dingen waar niemand op rekende, die eigenlijk niet normaal waren.

Maar het was de gewoonste zaak van de wereld. Dit was toch wat God al deed vanaf het begin? Iets maken uit niets. De leegte pakken en die vullen. De duisternis veranderen in licht.

Schatzoeken!

De gelijkenis van de verborgen schat, uit Matteüs 13

OP EEN DAG vertelde Jezus de mensen over Gods koninkrijk. 'Gods koninkrijk is overal waar God aan het werk is. Het is waar hij je hart vult met zijn Eeuwige Geluk. Je stopt dan met wegrennen en gaat van hem houden.'

Maar soms konden de mensen het allemaal niet zo goed begrijpen. Jezus hielp hen dan door een verhaal te vertellen, een 'gelijkenis'.

Jezus zei: 'Gods koninkrijk is als een verborgen schat!' en toen vertelde hij ze dit verhaal...

Er was eens een man die werkte op het land, hij was aan het graven. Wat hij niet wist was dat er in de grond een verborgen schat lag. Dus Graaf, Graaf, Graaf… Kling, Klang, Klonk. HÈ? OH! Zijn schep botst tegen iets hards. Hallo, wat is dit? Hij pakte het op, veegt het af – het is een kist. Het ding is verroest en er zit een slot op, maar – K-R-A-A-A-K – hij wrikt het open. Hij is sprakeloos van wat hij nu ziet: prachtige, flikkerende, glimmende, glanzende,

stralende, kostbare juwelen! Het is een schatkist!

Hij wil de schat. Hij moet die schat hebben. Hij moet hem op een of andere manier te pakken zien te krijgen. Zelfs al moest hij alles verkopen om hem te kunnen betalen. Hij begraaft snel de schat, rent naar huis en verkoopt alles wat hij heeft. Van de opbrengst koopt hij het stuk land. Nu is het land van hem – en ook de schat die erin begraven ligt! Hij rent terug en graaft de schat weer op.

Jezus zei: 'Weer thuiskomen bij God is net zo wonderlijk als een schat vinden! Je moet misschien goed graven om hem te vinden. Je moet misschien zoeken voor je hem ziet. Misschien moet je zelfs alles opgeven wat je hebt om hem te krijgen. Maar bij God zijn – in zijn koninkrijk – is belangrijker dan al het andere in de wereld. Het is het waard om er alles wat je hebt voor op te geven!' vertelde Jezus hun. 'Want God is de echte schat.'

God had natuurlijk ook een schat. Een schat die kwijt was, lang, lang geleden. Wat was Gods schat, zijn kostbaarste bezit, waarvan hij het allermeeste hield in de hele wereld?

Gods schat waren zijn kinderen.

Dat is waarom Jezus naar de aarde moest komen. Om Gods schat te vinden. En om voor hen de prijs te betalen. Jezus wilde dat doen – al kostte het hem alles wat hij had.

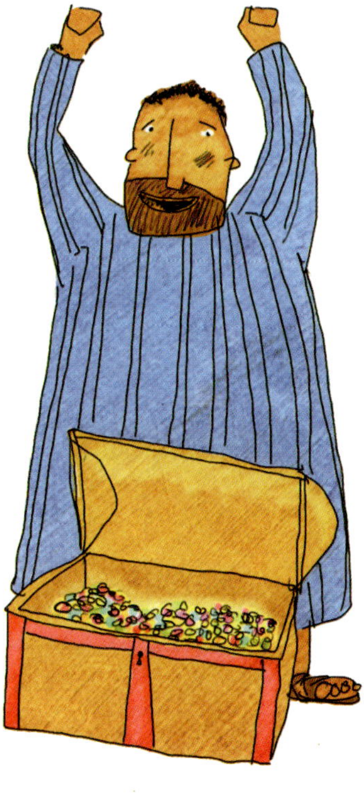

De vriend van kleine kinderen

Jezus en de kinderen, uit Matteüs 18, 19, Marcus 10, Lucas 18

JEZUS’ VRIENDEN WAREN aan het ruziën. Wie was de belangrijkste helper in Gods koninkrijk?, wilden ze weten.

‘Ik ben dat!’ zei Jacobus.

‘Nee hoor,’ zei Petrus, ‘dat ben ik!’

‘Onzin,’ zei Matteüs, ‘ik ben de slimste!’

‘Echt niet!’

’Ik dacht het wel!’

‘Ja!’, ‘Nee’, ‘Ik ook!’

Ze gingen zo een poosje door met kibbelen. Weet je, Jezus’ vrienden waren gaan denken dat ze iets speciaals moesten doen om voor Jezus bijzonder te zijn. Als zij de slimste of de leukste of wat dan ook waren, dan zou Jezus van hen het meest houden.

Maar ze waren iets vergeten. Iets wat God zijn volk al jaren geleden had geleerd: dat het niet uitmaakt of je slim bent, of goed, of rijk, of leuk, of belangrijk. Al die dingen maken geen enkel verschil. Want Gods liefde is een geschenk en een geschenk is – zoals je weet – gratis. Alles wat je moet doen is je hand uitsteken en het aanpakken.

Terwijl Jezus' vrienden aan het ruziën waren, kwamen er een paar mensen naar Jezus toe. Mensen die verstand hadden van cadeautjes krijgen – je kunt gerust zeggen dat ze er experts in waren. Weet je wie het waren? Kleine kinderen.

Jezus' helpers probeerden hen weg te sturen. 'Jezus heeft geen tijd voor jullie,' zeiden ze. 'Hij is veel te moe.'

Maar ze hadden het mis. Jezus had altijd tijd voor kinderen.

Stuur ze niet weg!' zei Jezus. 'Breng die kleintjes bij mij.'

Als jij daar nou bij geweest was – wat zou jij dan gedacht hebben? Zou je stilletjes in de rij zijn gaan staan om Jezus te zien? Zou je verwachten dat hij je ging vragen hoe goed je wel niet was voordat hij je een knuffel gaf? Zou je je super goed moeten gedragen? En je allermooiste kleren aanhebben? En pas praten als je iets gevraagd werd?

Of… zou je hetzelfde doen als deze kinderen – snel naar Jezus rennen en in zijn armen springen en je rond laten draaien en je laten kussen en knuffelen en dan op zijn schoot zitten terwijl hij luistert naar je verhalen en je geklets?

Weet je, kinderen hielden van Jezus, en zij hoefden niets bijzonders te doen om zijn liefde te krijgen. Het enige wat ze moesten te doen was in zijn armen rennen. En dat was dan ook precies wat ze deden.

Na al het lachen en het spelen draaide Jezus zich naar zijn helpers toe en zei: 'Hoe groot je ook wordt, word nooit zo groot dat je je kinderhart verliest: een hart dat God helemaal vertrouwt. Kinderen zijn het allerbelangrijkste in mijn koninkrijk.'

De man die geen vrienden had (zelfs niet één)

Het verhaal van Zacheüs, uit Lucas 19

ER WAS EENS EEN MAN die geen vrienden had (geen een). Heb jij vrienden? Vast wel. Nou, Zacheüs had ze niet. Arme Zacheüs had er geen een.

Je vraagt je vast af hoe dat komt. Was het omdat hij zo klein was? (Dat is geen reden om iemand niet leuk te vinden.) Was het omdat hij een naam had die moeilijk uit te spreken was? (Nou, dat ook niet.) Al was hij inderdaad kort en had hij een grappige naam, daar kwam het niet door. Nee, de mensen mochten Zacheüs niet omdat hij hun geld stal.

Zacheüs haalde de belasting op (belasting is geld dat de mensen aan de koning moeten betalen), maar hij haalde meer op dan hij mocht en hield het extra geld voor zichzelf zodat hij heel rijk werd. De mensen wisten wat hij deed en dat maakte hen boos en mopperig. Ze vonden niets leuk aan Zacheüs.

En dat lieten ze hem graag merken. Ze gingen hem uit de weg. Ze staken bijvoorbeeld over naar de andere kant van de straat als hij eraan kwam. Ze deden alsof ze hem niet zagen. Ze fluisterden dingen als: ‘Daar is die iebel die denkt dat-ie wat is!’, maar wel zo hard dat hij het kon horen.

Hoe dan ook, op een dag verzamelde zich een grote groep mensen bij de weg. Jezus kwam naar hun stad en iedereen wilde hem zien.

Zacheüs wilde Jezus ook zien. Maar iedereen was te lang. Hij probeerde op en neer te springen, maar dat hielp niet. Hij kon niets zien.

Gelukkig kreeg hij een goed idee. 'Ik klim in die vijgenboom!' zei hij. En dat deed hij. (Hij was verbazend goed in boomklimmen voor een man die zo abnormaal klein was dat hij 's morgens een aanloop moest nemen om op zijn stoel te kunnen zitten.)

Vanuit de boom had Zacheüs een perfect uitzicht – heel de weg lag onder hem.

Een minuut later was Jezus plotseling bij de boom. Hij stopte en keek omhoog. Zacheüs zag Jezus. En Jezus zag Zacheüs.

'Zacheüs,' zei Jezus, 'ik zou graag in jouw huis willen komen.'

Zacheüs viel zowat uit de boom! IN zijn huis komen? Niemand wilde ooit in de buurt van zijn huis komen, laat staan erin.

De mensen zagen dit en, je snapt het al – het maakte hen nog bozer en kwader dan ze al waren. Ze bromden, mompelden en mopperden: 'Waarom doet Jezus aardig tegen die grote zondaar? Weet Jezus soms niet van jeweetwel?'

Zacheüs klom naar beneden en nam Jezus in zijn huis. Hij had haast want hij was zo bang dat Jezus zich zou bedenken. Misschien had Jezus nog niets over hem gehoord. Misschien wist Jezus niet dat hij gestolen had. En dat niemand hem mocht. En dat hij helemaal geen vrienden had.

Maar Jezus wist het – hij wist alles van Zacheüs, ook van het stelen en zo – en toch hield hij van hem.

Zacheüs schaamde zich. 'Heer,' zei hij, en hij werd helemaal bleek, 'wat ik gedaan had, is fout! Maar nu wil ik het goede doen. Ik zal het geld aan iedereen teruggeven – vier keer zoveel als ik heb afgepakt!' En dat deed hij.

Jezus lachte. 'Mijn vriend!' zei hij. 'Vandaag heeft God jou gered!'

Jezus hield van Zacheüs toen niemand anders dat deed. Hij was Zacheüs' vriend, zelfs toen hij er geen een had. Omdat Jezus de mensen wilde laten zien hoe Gods liefde is – zijn wonderlijke, Niet te Stoppen, Niet te Stuiten, Niet Kapot te Krijgen, Eeuwige Liefde.

Wegrennen

Het verhaal van de verloren zoon, uit Lucas 15

JEZUS VERTELDE EENS dit verhaal over een jongen die wegliep: Er was eens een jongen en zijn vader. Op een dag begint de jongen na te denken: Misschien ben ik gelukkiger als mijn vader niet heel de tijd in de buurt is om me te zeggen wat goed voor me is. Door hem is de lol er snel af. Wil papa eigenlijk wel dat ik gelukkig ben? Houdt papa wel echt van mij? De zoon heeft hier nooit eerder over ingezeten. Maar nu weet hij het allemaal niet zo zeker meer.

En dus gaat de zoon naar zijn vader en zegt: 'Papa, eigenlijk ben ik liever zonder jou. Ik kan voor mijzelf zorgen. Geef mij maar mijn deel van je geld.'

Zijn vader is verdrietig maar hij wil zijn zoon niet tegenhouden. En dus geeft hij zijn zoon wat hij vraagt.

De zoon neemt het geld aan en maakt een lange, lange reis naar een ver land.

En alles is super en geweldig – voor een poosje. Hij kan gaan en staan waar hij wil. Hij is de baas, hij is vrij!

Soms heeft hij wel een vreemd, hongerig, heimweeachtig gevoel van binnen, maar dan eet hij nog meer, of drinkt hij meer, of koopt hij meer kleren, of gaat hij naar meer feestjes – totdat het nare gevoel weggaat.

Maar al snel is de zoon blut – en zijn vrienden ook. Het enige baantje dat hij kan vinden is: varkens voeren.

Op een dag heeft hij zo ontzettend veel honger dat hij wat varkensvoer eet.

'Waar ben ik mee bezig?' zegt hij plotseling, alsof hij wakker wordt uit een nachtmerrie. Hij spuugt – JAK! – alles – UHK! – uit zijn mond. 'Mijn vader is rijk en moet je mij nu eens zien – in een varkensstal varkensvoer aan het eten!' Hij veegt zijn mond schoon en klopt het stof van zich af. 'Ik ga naar huis!'

Maar als hij nog maar net op weg is, begint hij te piekeren. Papa zal niet meer van me houden. Ik ben te slecht geweest. Hij wil mij vast niet meer als zijn zoon. Zo oefent hij zijn Het-Spijt-Me-Toespraak.

Maar wat hij dan niet weet is dat dag in dag uit zijn vader staat te wachten op het erf, turend in de verte, wachtend op zijn zoon. Hij kan gewoon niet stoppen met van hem te houden. Hij verlangt ernaar de stem van de jongen weer te horen. Hij kan niet gelukkig zijn voor hij hem weer terug heeft.

De zoon is nog heel ver weg, als pa hem aan ziet komen.

Wat zal de vader doen? Zijn armen over elkaar slaan en de wenkbrauwen fronsen? Schreeuwen: 'Ik zal je leren!' en: 'Wacht maar, jongeman!'

Nee. Zo gaat het verhaal niet. De vader vliegt het erf af, rent de heuvel af, door het gat in de heg, de weg op. Nog voor de zoon kan beginnen aan zijn Het-Spijt-Me-Toespraak, komt zijn vader op hem afgerend, slaat zijn armen om hem heen en kan niet stoppen met hem te kussen.

'Laten we feest vieren!' juicht zijn vader. 'Mijn jongen is thuis. Hij rende weg. Ik was hem kwijt – maar nu heb ik hem terug!'

Jezus vertelde hun: 'God is net als de vader die niet kon stoppen van zijn jongen te houden. En mensen zijn als de zoon die zegt: 'Wil papa eigenlijk wel dat ik gelukkig word?''

Jezus vertelde de mensen dit verhaal om ze te laten zien hoe God is. En de mensen te laten zien hoe ze zelf zijn.

Zodat ze wisten dat het niet uitmaakte - hoe ver ze ook zouden wegrennen, hoe goed ze zich ook zouden verstoppen, hoe verloren ze zich ook voelden. Want hoe ver Gods kinderen ook wegrennen, en hoe erg ze ook verdwaald zijn, God kan ze altijd vinden.

Gewassen met tranen

Een zondige vrouw zalft Jezus, uit Marcus 14, Lucas 7 en Johannes 12

OP EEN AVOND GING Jezus naar een diner in het Huis van de Belangrijke Leider. De Belangrijke Leider had zijn Belangrijke Vrienden uitgenodigd. Ze waren net allemaal gaan zitten om te eten toen er een vrouw binnenkwam. Ze was niet uitgenodigd, maar iedereen wist wie ze was.

'Wie denkt ze wel dat ze is?' fluisterden de gasten. 'Hoe durft ze?' De vrouw was een zondares en iedereen wist dit. (Het was makkelijk te zien – ze had zich niet erg aan de regels gehouden en slechte dingen gedaan.)

De vrouw liep recht op Jezus af. Ze droeg heel duur parfum.

In die tijd werd parfum niet bewaard in flesjes, maar in kruiken. En die kruiken waren gemaakt van een heel duur soort steen, zoals albast. Maar het grootste verschil met nu zit 'm hierin: de kruiken hadden geen dop of kurk of zo. Je kon de parfum er alleen uit krijgen door de kruik te breken. Als je eenmaal de kruik gebroken had, dan was het gebeurd – dan was het op. De meeste mensen gebruikten dan ook geen parfum – het kostte veel te veel geld. Ze bewaarden het op een plank en keken ernaar.

Deze parfum was het duurste wat ze had in de wereld. Het was haar schat.

De vrouw knielde voor Jezus alsof hij een koning was. Ze hield Jezus' voeten in haar handen en begon te huilen. Haar tranen vielen op Jezus' voeten, wasten ze. Ze kuste zijn voeten en droogde ze met haar lange, donkere haren. En toen deed ze iets vreemds. Ze brak de kruik en goot het parfum leeg over zijn voeten.

Iedereen snakte naar adem. Wat zonde! Over iemands voeten? Zulk duur parfum?

Het rook naar lelies in een zomerwei.

Jezus keek naar de vrouw en lachte naar haar. Wat zij gedaan had was heel erg bijzonder. Zoals Samuël David zalfde als Gods ware koning, zo had deze vrouw Jezus gezalfd – niet met olie, maar met haar tranen.

De Belangrijke Mensen waren woedend. Ze vonden dat Jezus niet aardig tegen deze vrouw had mogen doen. 'Die vrouw is een zondares!' mopperden ze. 'Wij zijn de goeien.' (En dat klopt, ze zagen er goed uit – aan de buitenkant. Zij hielden zich tenslotte aan de regels.)

Maar Jezus kon in de mensen kijken. En binnenin, in hun hart, zag Jezus dat ze niet van God hielden of van andere mensen. Ze waren van God aan het wegrennen, en dachten dat ze geen redder nodig hadden. Ze dachten dat ze goed genoeg waren omdat ze zich aan de regels hielden. Maar door de zonde deed hun hart het niet meer goed. Hun harten waren hard en koud.

'Deze vrouw weet dat ze een zondares is,' zei Jezus. 'Zij weet dat ze nooit goed genoeg zal zijn. Zij weet dat ze mij nodig heeft om haar te redden. Daarom houdt ze zoveel van mij.'

'Jullie kijken neer op deze vrouw omdat jullie niet omhoog kijken naar God. Zij is zondig aan de buitenkant – maar jullie zijn zondig aan de binnenkant.'

De Belangrijke Mensen beefden van woede.

Jezus draaide zich naar de vrouw toe en glimlachte. 'Je zonden zijn je vergeven,' zei hij. 'Je vertrouwde op mij. En God heeft jou gered!'

'Wie denkt Jezus dat hij is?' fluisterden de Belangrijke Mensen. 'Alleen God kan zonden vergeven.'

Ze geloofden niet dat Jezus Gods zoon was.

Hoe meer Jezus van de mensen hield en hen hielp, hoe meer de Belangrijke Mensen en Leiders hem haatten. Ze waren bang dat de mensen Jezus gingen volgen in plaats van hen. Ze waren jaloers. En boos… Boos genoeg om Jezus te doden.

De Koning-Knecht

Het laatste avondmaal, uit Marcus 14 en Johannes 13-14

HET WAS PASCHA. Bij Pascha denkt Gods volk terug aan toen God hen redde uit de slavernij in Egypte. Elk jaar doodden ze een lam en aten het op. 'Het lam stierf in onze plaats!' zeiden ze dan.

Maar op dit Pascha maakte God zich klaar voor een nog Grotere Redding.

Jezus en zijn vrienden aten met elkaar van de Paschamaaltijd in een bovenkamer. Maar Jezus' vrienden waren aan het ruziën. Waarover? Ze ruzieden over zweetvoeten. Zweetvoeten? Ja, inderdaad. Zweetvoeten.

(In die tijd droegen ze geen schoenen maar sandalen. Best onlogisch eigenlijk, want de straten waren in die tijd erg vies – en dan bedoel ik niet gewoon vies stoffig maar echt stinkend vies. Met al die koeien en paarden overal, kun je je voorstellen wat er zoal aan je voeten kleefde!)

Er moest dus echt iemand komen om het vuil weg te wassen, maar het was een vieze klus. Wie zou dat nou willen doen?!

Alleen het onbelangrijkste knechtje.

'Ik ben geen knecht,' zei Petrus.

'Ik ook niet!' zei Matteüs.

Rustig stond Jezus op van de tafel, trok zijn mantel uit, pakte een bak met water, knielde neer en begon de voeten van zijn vrienden te wassen.

'Dat kunt u niet maken,' zei Petrus. Hij begreep niet dat Jezus de Koning-Knecht was.

'Als je mij niet het vuil laat wegwassen, Petrus,' zei Jezus, 'kun je niet dichtbij mij zijn.'

Jezus wist wat de mensen het meest nodig hadden: dat ze vanbinnen gewassen werden. Al het vuil op hun voeten was niets vergeleken met de zonde in hun hart.

'Was me dan, Heer!' zei Petrus, terwijl zijn ogen zich vulden met tranen. 'Helemaal!'

Een voor een waste Jezus hun voeten.

'Ik doe dit omdat ik van jullie hou,' legde Jezus uit. 'Doe dit voor ieder ander.'

Nu had een van Jezus' vrienden een slecht plan bedacht. Niemand wist wat dat slechte plan was, behalve Jezus – en Judas wist dat ook. Judas wilde de Leiders helpen om Jezus gevangen te nemen, hij kreeg daarvoor 30 zilveren munten.

'Doe het, Judas,' zei Jezus. En Judas stond op van de maaltijd, verliet de kamer en liep de nacht in.

Toen pakte Jezus wat brood en brak het. Hij gaf het aan zijn vrienden. Hij pakte een kan wijn en dankte God ervoor. Hij schonk het in en deelde het uit.

'Mijn lichaam is als dit brood. Het zal breken,' zei Jezus. 'Deze beker met wijn is als mijn bloed. Het zal uitgegoten worden.'

'Maar dit is hoe God de hele wereld wil herstellen. Mijn leven zal breken en Gods gebroken wereld zal weer gemaakt worden. Mijn hart zal in tweeën breken – en jullie harten zullen genezen. Zoals het paaslam stierf, zo zal ik nu sterven in jullie plaats. Mijn bloed zal al jullie zonden wegwassen. En jullie zullen vanbinnen schoon zijn – in jullie hart.'

'Wanneer jullie eten en drinken, herinner je dan dit,' zei Jezus. 'Ik heb jullie gered!'

Jezus wist dat het bijna tijd was om de wereld te verlaten en terug te gaan naar God.

'Ik zal niet meer lang bij jullie zijn,' zei hij. 'Jullie zullen heel verdrietig zijn. Maar Gods Helper zal komen. En dan zullen jullie vervuld worden met een Eeuwig Geluk dat jullie nooit zal verlaten. Wees dus niet bang. Jullie zijn mijn vrienden en ik hou van jullie.'

Toen zongen ze hun lievelingslied. En liepen naar hun lievelingsplek, een olijftuin.

Een donkere nacht in de tuin

De Hof van Getsemane, uit Lucas 22, Marcus 14, Johannes 18

HET GING HARDER WAAIEN, de wind joeg de wolken langs de maan, zodat het donker werd in de tuin.

'Blijven jullie bij mij?' vroeg Jezus zijn vrienden. Ze zeiden ja en wachtten onder de olijfbomen, maar ze waren moe en al snel vielen ze in slaap.

Jezus liep alleen, voorop, het donker in. Hij wilde praten met zijn hemelse Vader.

Hij wist dat de tijd gekomen was dat hij zou sterven. Ze hadden het plan lang geleden gemaakt, hij en zijn Vader. Jezus zou de straf dragen voor al de verkeerde dingen die iedereen ooit gedaan had, of zou gaan doen.

'Papa! Vader!' huilde Jezus. En hij viel op de grond. 'Is er een andere manier om uw kinderen terug te krijgen? Om hun harten te genezen? Om het gif eruit te halen?'

Maar Jezus wist – er was geen andere weg. Het gif van alle zonden begon zijn eigen hart binnen te stromen.

God zou Jezus' hart vullen met al het verdrietige en kapotte uit de harten van de mensen. Hij zou alle ziektes van de mensen in Jezus' lichaam doen. God ging zijn zoon de schuld geven van alles wat er verkeerd gegaan was. Jezus zou eraan kapot gaan.

Maar er was iets anders, iets nog veel en veel ergers. Als mensen wegrennen van God, raken ze God kwijt – dat gebeurt dan. Niet dichtbij God zijn is een straf. Jezus zou die straf gaan dragen.

Jezus wist wat dat betekende. Hij zou zijn Vader kwijtraken – en dat, wist Jezus, zou zijn hart in tweeën breken.

Grote snikken deden Jezus' lichaam schokken.

Toen werd Jezus rustig. Als een lam. 'Ik vertrouw u, Papa,' zei hij. 'Wat u ook vraagt, ik zal het doen.'

Opeens flikkerde iets tussen de bomen – metaal dat het maanlicht weerkaatste. In de stille tuin klonk gefluister, zacht gemompel, gekletter – en het geluid van stampende laarzen.

Jezus stond op.

Hij maakte zijn vrienden wakker. 'Nu is de tijd gekomen,' zei hij rustig. 'Alles wat over mij geschreven is – alles waar God al die lange jaren met zijn volk over gesproken heeft, gaat nu gebeuren.'

En vanuit het donker kwam een leger soldaten naar ze toe, met brandende fakkels en lampen, met zwaarden en stokken en schilden. Judas liep met hen recht op Jezus af zodat ze hem konden pakken.

Jezus wachtte hen op.

Petrus vloog op, nam een zwaard en probeerde Jezus te verdedigen. Hij sloeg het oor van een bewaker eraf. Jezus raakte de man snel aan en genas hem.

'Petrus,' zei hij, 'dit is niet de goede manier.'

Petrus begreep niet dat geen leger, hoe groot ook, Jezus zou kunnen oppakken. Nooit, behalve wanneer Jezus het goed vond.

Toen werd Jezus – die niets anders gedaan had dan van mensen houden – opgepakt, alsof hij een boef was.

Jezus' vrienden waren bang. Ze vluchtten en verstopten zich in de donkere schaduwen.

De bewakers namen Jezus mee en brachten hem bij de Leiders.

De Leiders gingen Jezus ondervragen. 'Bent u de Zoon van God?' vroegen ze.

'Dat ben ik,' zei Jezus.

'Wie denkt u dat u bent? U zegt dat u Gods Zoon bent? U moet sterven omdat u dat van uzelf zegt!'

Alleen de Romeinen mochten gevangenen doden, dus hadden de Leiders iets bedacht. 'We zeggen tegen de Romeinen: 'Deze man wil onze koning zijn!' Dan zullen ze hem zeker kruisigen.'

En dat was goed. Het was Gods Plan.

'Hiervoor ben ik geboren in deze wereld,' zei Jezus.

De zon stopt met schijnen

De kruisiging, uit Matteüs 27, Marcus 15, Lucas 23, Johannes 19

'ZO, DUS U BENT EEN KONING, mmm?' spotten de Romeinse soldaten. 'Dan heeft u een kroon en een mantel nodig.'

Ze gaven Jezus een kroon die gevlochten was van doornen. Ze trokken hem een paarse mantel aan. Ze knielden zogenaamd voor hem neer. 'Uwe majesteit!' zeiden ze.

Toen sloegen ze hem. Ze spuugden naar hem. Ze begrepen niet dat dit de Prins van het Leven was, de Koning van hemel en aarde, die was gekomen om hen te redden.

De soldaten maakten een bordje met 'Onze Koning' en spijkerden dat op een houten kruis. Ze liepen een heuvel op buiten de stad. Jezus droeg het kruis op zijn schouders. Jezus had nooit iets verkeerds gedaan. Maar ze gingen hem doden zoals moordenaars werden gedood.

Ze spijkerden Jezus aan het kruis.

'Vader, vergeef hen,' hijgde Jezus, 'ze weten niet wat ze doen.'

'U zegt dat u gekomen bent om ons te redden!' schreeuwden de mensen, 'maar u kunt uzelf niet eens redden!'

Maar ze hadden het mis. Jezus had zichzelf kunnen redden. Een legioen van engelen zou hem geholpen hebben – als hij daarom gevraagd had.

'Als u echt de Zoon van God bent, klim dan van het kruis af!' zeiden ze.

Natuurlijk hadden ze gelijk. Jezus kon er gewoon afklimmen. Sterker nog, hij zou maar één woord hoeven zeggen en hier zou een einde aan komen. Net als toen hij dat kleine meisje had genezen. En aan de storm een einde maakte. En 5.000 mensen te eten gaf.

Maar Jezus bleef.

Weet je, ze begrepen er helemaal niets van. Het waren niet de spijkers die Jezus daar hielden. Het was liefde.

'Papa?' huilde Jezus, terwijl hij zich kronkelde om de hemel te zien. 'Papa? Waar bent u? Laat me niet alleen!'

En voor het eerst – en het laatst – gebeurde er niets toen hij sprak. Slechts een verschrikkelijke, lange, lange stilte. God antwoordde niet. Hij wendde zich af van zijn Jongen.

Tranen rolden over Jezus' gezicht. Het gezicht van de Ene die alle tranen van ieders ogen zou afwissen.

JodenKoning

Hoewel het midden op de dag was, bedekte een afschuwelijke duisternis de wereld. De zon kon niet schijnen. De aarde schudde en beefde. De grote bergen wankelden. Rotsen spleten doormidden. Het leek alsof de hele wereld uit elkaar zou barsten. Dat de schepping zelf in stukken uit elkaar viel.

Gods felle woede over de zonde kwam met volle kracht naar beneden. Op zijn Zoon – in plaats van op zijn mensen. Het was de enige manier waarop God de zonde kon vernietigen zonder zijn kinderen te vernietigen – al zaten hun harten vol zonde.

Toen schreeuwde Jezus met een hele luide stem: 'Het is volbracht!'

En dat was het. Hij had het gedaan. Jezus had de hele wereld gered.

'Vader,' huilde Jezus, 'Ik geef mijn leven aan u.' En met een grote zucht gaf hij zich over aan de dood.

In de lucht kwamen allemaal vreemde wolken en schaduwen. Paars, oranje, zwart. Net een gekneusde plek.

Heel voorzichtig droegen Jezus' vrienden hem weg. Ze legden hem in een nieuw graf, uitgehakt in een rots.

Hoe kon Jezus nu sterven? Wat was er misgegaan? Waarom was het allemaal zo gelopen? Ze begrepen er helemaal niets meer van. Het enige wat ze wisten, was dat hun harten braken van verdriet.

'Dit is dan het einde van Jezus,' zeiden de Leiders.

Maar voor de zekerheid stuurden zij toch maar sterke soldaten om het graf te bewaken. Ze rolden een enorme steen voor het graf. Zo kon er niemand naar binnen gaan.

Of naar buiten.

Gods wonderlijke verrassing

De opstanding, uit Matteüs 28, Marcus 16, Lucas 24, Johannes 20

JEZUS' VRIENDEN WAREN VERDRIETIG. Zij zouden hun beste vriend nooit meer terugzien. Hoe kon dit nou? Was Jezus dan niet de Redder? De Koning die God had beloofd? Ze hadden nooit gedacht dat het zo zou aflopen.

Alleen, wie zei dit het einde was?

Vlak voor de zon opkwam, op de derde dag, stuurde God een aardbeving – en een engel uit de hemel. Toen de bewakers de engel zagen, vielen ze doodsbang op de grond. De engel rolde de grote steen weg, ging er bovenop zitten, en wachtte.

Toen het licht begon te worden liep Maria Magdalena met de andere vrouwen snel naar het graf. Ze wilden Jezus' lichaam wassen. De eerste stralen van de ochtendzon gleden langs de oude olijfbomen, dauwdruppels glinsterden op de bladeren en op het gras – allemaal kleine tranen. De vriendinnen liepen over het heuvelachtige pad, langs de olijfbosjes, tot ze aankwamen bij het graf. En meteen zagen ze dat er iets niet klopte – het graf stond wijd open.

Ze tuurden door de opening in het donkere graf. Wacht eens, Jezus' lichaam was weg!

En nog iets: er zat daar een stralende man, met kleren die gemaakt waren van licht.

'Niet bang zijn,' zei de engel.

Maar ze konden het niet helpen – ze schreeuwden toch.

De engel vroeg hun: 'Wat doen jullie hier? Dit is een graf. Graven zijn toch voor dode mensen?'

De vrouwen konden geen woord uitbrengen.

'Jezus is niet meer dood!' zei hij. 'Hij leeft weer!'

Toen maakten hun harten van binnen een sprongetje. De engel lachte zó blij, dat het voelde alsof ze wakker werden uit een hele nare droom.

De andere vrouwen gingen snel terug naar huis, maar Maria bleef. Kon dit wel? Jezus was dood, dat wist ze zeker – hoe kon hij dan levend zijn? Toen hoorde Maria iemand, in de tuin. Misschien de tuinman, dacht ze. Hij weet vast wel waar Jezus' lichaam is.

'Ik weet niet waar Jezus is!' zei Maria snel.' Ik kan hem niet vinden.'

Het gaf niet. Jezus wist waar ze was, en hij had haar gevonden.

'Maria!'

Er was er maar één die zo haar naam uitsprak. Ze hoorde haar hart stevig bonzen. Ze draaide zich om. Vaag zag ze iets, iemand. Ze hield haar hand boven haar ogen om te het goed te zien… en dacht dat ze droomde.

Maar ze sliep niet. Ze zag het echt.

'Jezus!'

Maria viel op de grond. Opeens stroomden de tranen uit haar ogen en haar hele lijf schokte van het snikken. Het enige wat ze nu wilde was Jezus beethouden en hem nooit meer loslaten.

'Je kunt me later vasthouden, Maria,' zei Jezus vriendelijk, 'en altijd dicht bij mij zijn. Maar nu moet je gaan en de anderen vertellen dat ik leef.'

Maria rende en rende het hele eind naar de stad. Ze had in heel haar leven nog nooit zo snel en zo lang gerend. Ze zou wel voor altijd zo kunnen rennen. Haar voeten raakten de grond bijna niet. De zon leek met haar mee te dansen en te schitteren en te stuiteren door de hemel, in volle vaart. Zo helder als nu had de zon nog nooit geschenen, dacht ze. Zo stralend in de blauwe, frisse lucht.

Terwijl ze rende voelde ze dat op deze morgen de wereld weer helemaal nieuw werd. Alles leek te zingen zo blij: ze hoorde de bomen, de zachte geluidjes in het gras, de vogels... haar hart.

Ging God echt al het verdrietige wegdoen? Liet hij zelfs de dood verdwijnen?

Het nieuws wilde ze zo snel ze kon aan Jezus' vrienden vertellen. 'Ze zullen het niet geloven!' lachte ze.

Daar had ze helemaal gelijk in.

Naar huis

Hemelvaart, uit Matteüs 28, Marcus 16, Lucas 24, Johannes 14

JEZUS' VRIENDEN WAREN BANG. Daarom verstopten ze zich in een bovenkamer met de deur op slot.

Maar dat hield Jezus niet tegen. Hij liep gewoon recht door de muur.

'Een geest!' gilde Thomas en verstopte zich onder de tafel. Maar het was geen geest.

'Ik heb honger,' zei Jezus, 'wat is er voor de lunch?'

Petrus gaf hem een vis. Met open mond keken ze toe hoe hij hem opat. Dit kan niet, zeiden ze tegen zichzelf. Dit is onmogelijk. Dit gebeurt niet.

Maar het gebeurde wel – voor hun ogen.

'Heerlijk!' Jezus veegde zijn mond af met zijn hand en lachte. 'Kan een geest dat doen?' Hij knipoogde. Toen moesten ze allemaal lachen.

'Ik ben hier echt!' zei Jezus.

En dat was zo.

Petrus' hart maakte een sprongetje, zo blij was hij. Hij sloeg zijn armen om Jezus heen, knuffelde en kuste hem. De anderen deden dat ook. Ze waren zo gelukkig dat ze er bijna van moesten huilen.

De vrienden aten en praatten met elkaar. Ze waren gelukkig. Telkens keken ze naar Jezus, raakten hem aan om zeker te weten dat ze niet droomden.

Jezus had een echt lichaam gehad, maar dit nieuwe lichaam was beter. Het was door de dood heengegaan en kon niet meer ziek worden of weer dood gaan. Dit lichaam zou eeuwig leven. Jezus was teruggekomen met een gloednieuw lichaam.

De verdrietige dingen waren vernietigd, en de vrienden begrepen nu dat zijzelf ook nieuw zouden worden. Ging God alles nieuw maken?

Jezus zei: 'Ik ben de Redder en de Verlosser van de wereld.' Omdat Jezus niet dood kon blijven en weer levend was geworden, wisten ze dat op een of andere manier alles goed zou komen.

Een paar dagen later, toen ze samen een wandeling maakten, zei Jezus tegen zijn vrienden: 'Het is tijd dat ik weer terug ga naar huis, naar mijn Vader.'

Iedereen keek bezorgd. Maar toen herinnerden ze zich wat Jezus had gezegd voor hij stierf. 'Er is plaats voor jullie. Ik ga die klaarmaken.' Jezus had gezegd: 'Jullie weten de weg.'

Thomas was in paniek geraakt: 'Ik weet helemaal niet de weg!'

'Jawel, dat weet je wel,' had Jezus gezegd. 'Ik ben de Weg en de Waarheid en het Leven.'

Eindelijk hadden ze de top van de hoogste heuvel bij Jeruzalem bereikt. Toen draaide Jezus zich naar hen toe en zei: 'Ga overal naartoe om iedereen het gelukkige nieuws te vertellen!'

‘Zeg ze dat ik zoveel van hen hou dat ik voor hen stierf. Dat is de Waarheid, de Waarheid die won van de verschrikkelijke leugen. God houdt van zijn kinderen. Ja! Zeker weten!’

Opeens was heel de lucht gevuld met verblindend licht.

‘Nu kan iedereen thuiskomen bij God,’ zei Jezus. ‘De dood is voor jullie niet het einde. Jullie kunnen eeuwig leven met jullie Vader in de hemel, want Ik heb de hele wereld gered!’

Toen gebeurde er iets heel bijzonders: Jezus steeg op in de heldere lucht, hoger en hoger. Ze hielden hun handen boven hun ogen terwijl ze keken hoe hij vertrok. Tenslotte schoof er een wolk voor Jezus, zodat ze hem niet meer konden zien. Ze stonden nog lang naar de hemel te staren.

Plotseling stonden er twee stralende mannen voor hen. 'Wat doen jullie?' vroegen ze. 'Jezus is opgestegen naar de hemel. Maar op een dag zal hij terugkomen. Net zoals jullie hem zagen vertrekken. Vanuit de hemel. Vanuit de lucht.'

Jezus' vrienden gingen terug naar Jeruzalem met een vreemd maar blij gevoel in hun hart. Iets wat Jezus had gezegd zoemde telkens weer door hun hoofd: 'Ook al kunnen jullie mij niet meer zien, ik zal jullie nooit verlaten. Nee! Nooit! Ik zal bij jullie zijn. Ja! Altijd en eeuwig!'

'Hoe kan Jezus bij ons zijn en ons tegelijkertijd verlaten?' vroegen ze zich af.

Ze begrepen het niet.

Maar dat zou snel veranderen.

God stuurt hulp

Pinksteren, uit Handelingen 1-5, Johannes 15

JEZUS' VRIENDEN EN HELPERS kwamen bij elkaar in een stoffige bovenkamer. Hoewel het buiten zonnig was, waren de luiken gesloten. De deur zat ook op slot.

'Wacht in Jeruzalem,' had Jezus hun gezegd. 'Ik zal jullie een bijzonder geschenk geven. Gods kracht zal in jullie komen. Gods Heilige Geest komt eraan.'

Daar zaten ze dan. Te wachten. Hoewel, eigenlijk waren ze meer bezig met bang-zijn. (Je kunt het ze niet kwalijk nemen – hun beste vriend was vertrokken; de Belangrijke Mensen en Leiders zaten achter hen aan; en Jezus had hun een taak gegeven waar ze weinig van snapten.)

Terwijl ze aan het wachten waren, baden ze en dachten na – over hoe God vanaf het begin zijn Geheime Reddingsplan had uitgewerkt.

Plotseling waaide een stevige wind door de kleine kamer; hij floot door de muren en deed het stro op de vloer ritselen. En kijk – op ieders hoofd waren vlammen te zien, flikkerend in het donker. Vuur dat geen pijn deed of verbrandde.

Er gebeurde ook iets anders. In hun hart voelden ze een vreemde hitte, die al het koude en harde deed wegsmelten. Die hun zieke harten weer beter maakte. God gaf hun gloednieuwe harten – harten die het heel goed deden.

Hoe het ging wisten ze niet, maar ze begrepen dat Gods kracht hun harten in vuur en vlam had gezet. Jezus was zelf gekomen om in hen te leven.

Ze hadden Jezus weg zien gaan, maar nu was hij dichterbij dan hij ooit geweest was – in hun hart. En deze keer stond er niets tussen Jezus en hen meer in. Jezus zou er altijd zijn. Bij hen. Met zijn liefde. Hij zou ze telkens de belofte influisteren die hen zou bevrijden van het gif en van de verschrikkelijke leugen en van de ziekte in hun hart. Gods wonderlijke belofte: 'Jij bent mijn kind. En ik hou van jou.'

'Ga in mij wonen, zoals ik in jou zal wonen,' had Jezus gezegd.

Kon dat? De Hemel daalde neer in hun hart.

Ze gooiden de luiken open. Het zonlicht stroomde door de kamer, net zoals de liefde hun hart was binnengestroomd. En de kleine kamer was vol blije geluiden: dansende voeten, gezang, gelach.

Ze haalden het slot van de deur en stormden de straat op – alsof ze nooit bang waren geweest.

Peter sprak met luide stem, zodat iedereen het kon horen: 'Jezus stierf voor jullie!' zei hij. 'Omdat hij van jullie houdt. Maar God maakte hem weer levend. Hij heeft jullie gered!'

De mensen stonden stil. Ze luisterden. De woorden daalden op de bodem van hun hart en werkten als een medicijn. Zoals antigif werkt tegen dodelijk gif. Zoals een kus die je wakker maakt uit een diepe slaap.

'Stop met wegrennen van God!' zei Petrus. 'Ren in plaats daarvan naar hem toe! Zodat hij van je kan houden. En je vrij kan maken!'

Petrus vertelde hun het wonderlijke Verhaal van Gods Liefde – Gods Niet te Stoppen, Niet te Stuiten, Niet Kapot te Krijgen, Eeuwige Liefde. Dat Jezus was gekomen – ja, alles wat er gebeurd was.

Er waren veel buitenlandse mensen in Jeruzalem. Zij kwamen van ver en spraken een heel andere taal, maar toen ze naar Petrus luisterden, konden ze allemaal verstaan wat hij zei – in hun eigen taal!

Veel mensen geloofden hem. Ze werden Jezus' nieuwe vrienden en helpers. Zo verspreidde het wonderlijke nieuws van Jezus zich als een vuur. Naar dorpen. Plaatsen. Steden.

Elke dag geloofden er meer mensen.

Zo groeide de familie van Gods kinderen, zijn speciale volk.

Een man zag het. 'Ik maak hier een eind aan!' zei Saulus.

Maar dit was Gods Plan. En niets in de hele wereld kon dit tegenhouden.

Een nieuwe manier van kijken

Het verhaal van Paulus,
uit Handelingen 6-9, 12-28; Kolossenzen 2, Romeinen 8, Efeziërs 2

VAN ALLE MENSEN die zich aan de regels hielden, was Saulus de kampioen.

'Ik ben goed in goed-zijn!' zou hij tegen je gezegd hebben.

Hij was erg trots. En behoorlijk goed. Maar hij was niet zo leuk.

Saulus haatte iedereen die van Jezus hield. Hij reisde rond om hen te vinden. Hij wilde hen gevangen nemen. Hij wilde dat iedereen alles over Jezus vergat. Hij geloofde niet dat Jezus de Redder was. En hij geloofde ook niet dat Jezus leefde.

Want weet je, Saulus had Jezus nooit ontmoet.

Daarom zocht Jezus Saulus op een dag op.

SAULUS

Saulus was op weg naar Damascus toen plotseling een stralend licht hem verblindde. Het was fel als de bliksem en stralender dan de zon. Het deed pijn. Saulus sloeg zijn handen voor zijn ogen en viel op de grond.

Hij hoorde een luide stem. Het klonk te hard. Het bezorgde Saulus hoofdpijn.

'Saulus! Saulus!' zei de stem luid, 'waarom vecht je tegen mij?'

'Heer?' antwoordde Saulus, 'wie bent u?'

'Ik ben Jezus,' zei de stem. 'Als je mijn vrienden pijn doet, dan doe je mij ook pijn.' Saulus beefde over heel zijn lichaam.

'Ga naar de stad,' zei Jezus. 'Ik zal je zeggen wat je moet doen.'

Toen Saulus zijn ogen opendeed, kon hij niet zien. Zijn helpers moesten zijn hand beethouden en hem leiden als een klein kind. Saulus was drie hele dagen blind – maar het voelde alsof hij voor de eerste keer zag.

Er was een man die Ananias heette en veel van Jezus hield. Jezus kwam naar hem toe in een droom: 'Ga naar Saulus, bid voor hem, en ik zal maken dat hij weer zien kan.'

Ananias wist heel goed wie Saulus was; hij was de man die Jezus' volgelingen zo haatte. 'Heer, hij is gekomen om ons allemaal klein te krijgen!'

Maar Jezus zei tegen Ananias: 'Ik heb Saulus uitgekozen om de hele wereld te vertellen wie ik ben.'

En dus ging Ananias naar Saulus. 'Broeder Saulus,' zei Ananias, 'je hebt Jezus ontmoet op de weg. Hij was het.' Ananias bad voor Saulus.

Plotseling kon Saulus weer zien, maar nu met andere ogen. Hij was niet meer slecht. Hij veranderde zijn naam zelfs van Saulus in Paulus, wat 'klein' betekent, en 'nederig' – helemaal het tegenovergestelde van trots.

En weet je wat de naam Ananias betekent? 'De Heer is vol genade.' (En genade is een ander woord voor geschenk – wat grappig is, want dat is precies waar Paulus' boodschap vanaf dat moment over ging.)

'Het gaat er niet om dat je je aan de regels houdt!' vertelde Paulus de mensen. 'Je hoeft niet goed te zijn in goed-zijn, wil Jezus van je houden. Je hoeft alleen maar te geloven wat Jezus gedaan heeft en hem te volgen. Want het gaat niet om proberen, het gaat om vertrouwen. Het heeft niets met regels te maken, het gaat over Genade: Gods gratis geschenk – dat hem alles heeft gekost.'

Wat was er met Paulus gebeurd? Hij had Jezus ontmoet.

Paulus kreeg een nieuwe taak. Hij noemde zichzelf een knecht en reisde overal naartoe om iedereen over Jezus te vertellen. Hij maakte maar liefst drie keer mee dat het schip waarop hij zat verging! Hij kwam tenslotte zelfs in de gevangenis terecht.

'God houdt van ons!' schreef hij vanuit de gevangenis. 'Niets – nee niets! – kan ons ooit scheiden van de Niet te Stoppen, Niet te Stuiten, Niet Stuk te Krijgen, Eeuwige Liefde van God die hij in Jezus aan ons liet zien!'

En zo werd de familie van Gods volk groter en groter, precies zoals God aan Abraham beloofde tijdens die donkere nacht, eeuwen geleden.

Tot de dag zou komen dat ze met meer zouden zijn dan alle sterren in de hemel.

Een hemelse droom

Johannes kijkt in de toekomst, uit Openbaringen 1, 5, 21, 22

JOHANNES WAS EEN VAN Jezus' helpers. Hij was nu oud en woonde op een eiland. Dat lijkt leuk maar was het niet – het was namelijk een gevangenis. (De Leiders brachten hem daar zodat hij zijn mond zou houden over Jezus. Ik weet zeker dat jij wel weet dat zoiets als gevangen zitten in een cel, op een eiland, in het midden van de oceaan, Gods Plan nooit in de war kan schoppen. Toch?)

Op een morgen verscheen Jezus – vlak voor Johannes, in zijn cel. Jezus' ogen straalden, schitterden als de zon. 'Ik ga je een geheim verklappen Johannes,' zei Jezus, 'over mijn terugkomst.' Zij stem was als het geluid van stromend water. 'Schrijf op wat je ziet, zodat Gods kinderen het kunnen lezen en mij blij zullen verwachten.'

Toen gaf Jezus Johannes een mooie droom – alleen was Johannes klaarwakker. Wat hij zag was echt en zou op een dag gaan gebeuren…

Ik zie een troon. En op de troon zit een Koning.
Die Koning is Jezus. Om de troon heen liggen
mensen, geknield. Ze geven hem hun schatten.

Er wordt luid gejuicht en geklapt
en blij gelachen. Het klinkt als
duizend watervallen. Iedereen barst
uit in het zingen van een nieuw lied...

'Dit is onze Koning! Het Lam dat stierf, zodat wij niet meer hoeven te sterven – onze Redder. Aan hem alle Eer en Glorie! Voor eeuwig en eeuwig.' En alle schepselen waar dan ook, in de hemel en op de aarde en onder de aarde en in de zee, zingen mee.

En dan

Overal

Een enorme

Immense

Heerlijke

S t i l t e

En ik zie Satan – Gods verschrikkelijke vijand – omlaag gesmeten, verslagen.

Ik zie een stralende stad fonkelen in de
lucht, flikkerend, gloeiend – neerdalend!
Uit de hemel.
En uit de lucht.
De hemel daalt neer op de aarde!

Gods stad is prachtig. Muren van topaas, jasper, saffier. Brede straten geplaveid met goud. Glimmende parelen poorten die nooit op slot gaan.

Waar is de zon? Waar is de maan?
Ze zijn niet meer nodig. God is het
Licht dat de mensen nodig hebben.
Nooit meer duisternis! Nooit meer nacht!

En de Koning zei: 'Kijk! God en zijn kinderen zijn weer samen. Het weglopen is over. En het verstoppen. Nooit meer huilen of je eenzaam voelen of bang zijn. Nooit meer ziek zijn of sterven. Want al die dingen zijn voorbij. Ja, ze zijn voor altijd weg. Al het verdrietige is vernietigd. En kijk – ik heb alle tranen van ieders ogen weggewist!'

En toen zei een diepe, prachtige stem die klonk als de donder in de lucht: 'Kijk, ik maak alles nieuw!'

Het was moeilijk voor Johannes om alles wat hij zag in woorden op te schrijven. En het te laten passen op een vel papier. En het te proppen in een boek. Hij had eigenlijk meer woorden nodig dan er staan op de bladzijden van alle boeken in de hele wereld.

'Ik ben het Begin,' zei Jezus, 'en het Einde!'

Johannes wist dat er een dag zou komen waarop de Hemel neer zou dalen om Gods kapotte wereld te herstellen. De aarde zou dan weer ons volmaakte huis worden.

Het was moeilijk uit te leggen, maar hij wist dat alles wonderlijker zou zijn omdat alles zo verdrietig was geweest.

Toen begreep hij ook dat het einde van het Verhaal zó mooi zou zijn, dat alle verdriet en tranen zouden zijn als een schaduw die verdreven wordt door de ochtendzon.

'Ik kom eraan,' zei Jezus. 'Ik zal er snel zijn!'

Johannes was bijna klaar met zijn boek. Maar onder de laatste zin schreef hij niet: 'Het Einde.' Want dat is hoe verhalen éindigen. (En dit verhaal is nog niet afgelopen.)

In plaats daarvan schreef hij: 'Kom snel, Jezus!'

Waarmee hij eigenlijk wilde zeggen…

Kom snel, Jezus!

Wordt vervolgd...

Vrije vertaling van Johannes 1:12-13

Aan iedereen die ja zegt tegen Jezus
Aan iedereen die gelooft wat Jezus zei
Aan iedereen die zijn hand uitstrekt om het te pakken
wil God dit wonderlijke geschenk geven:

Geboren worden
in een heel nieuw Leven
Zijn wie je echt bent
zoals God je bedoeld heeft –
De echte, werkelijke jij:
Gods geliefde
Kind.

Want weet je, het meest bijzondere aan dit Verhaal is: het ook jouw verhaal!